Culture Publique

Culture Publique, à paraître :

Opus 2. *Les Visibles manifestes*
janvier 2005

Opus 3. *La Modernisation de l'action publique*
mars 2005

Opus 4. *La Culture en partage*
mai 2005

Culture Publique, opus 1
« L'Imagination au pouvoir »

(mouvement)SKITe / sens&tonka

coédition (mouvement)SKITe - sens&tonka
avec l'aide de l'IMEC – Institut Mémoires de l'édition contemporaine
www.mouvement.net/culturepublique

(mouvement)SKITe
6, rue Desargues
75011 Paris (France)

sens&tonka
99, rue du Faubourg-du-Temple
75010 Paris (France)

ISBN 2-84534-097-4

introduction

1981 : *« L'imagination au pouvoir »*
La culture du changement tutoie le désir d'aggiornamento culturel. L'économie politique de la rupture se doit d'inaugurer la promesse d'une politique culturelle à la mesure des habits d'un président que l'on dépeint vite comme un « artiste en politique ».

21 avril 2002
La « fracture sociale » ne suffit plus à dire les maux de cette société. S'ouvre le chapitre de la « fracture culturelle » et des soupçons qui l'accompagnent. Inefficacité des formes artistiques et des dispositifs culturels produits ? Hermétisme de pans entiers de la société à la circulation du « sens » et de l'imaginaire ?

Juin 2003
Alors que le Medef se révèle l'inspirateur direct de la politique gouvernementale, les intermittents du spectacle voient leur avenir liquidé sur l'autel du travail non-marchand ; alors que la notion de « politique culturelle » se trouve bannie au sein-même de la commission culture du Parlement européen, le futur Traité européen « omet » de mentionner la culture parmi les objectifs fondamentaux de l'Union européenne.
Bienvenue dans le monde des affaires (culturelles), des biens et services…

Depuis l'été 2003, la politique culturelle est revenue sous les feux de la rampe. Feux brûlants du dossier des intermittents, petits feux de la vieille exception culturelle… Au regard de cette actualité pour le moins inquiétante, ses lendemains sont apparus – et apparaissent malheureusement encore – incertains, ses artisans en péril, ses fondations en crise.

La collection Culture Publique appartient à cette histoire vive. Son élaboration s'est peu à peu constituée à l'épreuve d'une actualité menaçante et sa raison s'est définie à l'aune d'un combat auquel, par ailleurs, chacun des membres du comité éditorial participe à sa manière. Toutefois, il nous semblait que pour mieux agir dans la proximité de l'espace temps de l'actualité, il devenait urgent de voir de loin et de nourrir nos questionnements d'une histoire longue toujours à construire. La politique culturelle n'est pas qu'un objet du présent incertain, celui des décideurs plus ou moins éphémères, celui des acteurs plus ou moins menacés de disparition. Elle est épaisse d'un temps de germination et d'expérimentations constitué en héritage aujourd'hui : des prémices de sa conceptualisation sous l'éphémère ministère des Arts d'Antonin Proust en 1881, à son large développement au sein des collectivités locales sous le mandat de Jacques Duhamel, en passant par son enracinement dans une administration centrale avec le ministère des Affaires culturelles d'André Malraux. Toutefois, l'accession de la gauche au pouvoir en 1981 et la nomination de Jack Lang au ministère de la Culture semblent ouvrir une nouvelle ère. La culture est alors instituée au rang de question politique majeure. Le fonds d'archives récemment déposé par Jack Lang auprès de l'IMEC (Institut Mémoires de l'édition contemporaine) permet notamment de revisiter cette histoire récente, qu'il convient aujourd'hui de mettre à la question. C'est l'entrelacs de ces histoires qui doit, nous semble-t-il, résider au cœur du débat contemporain. Plus précisément, comprendre la spécificité de ce qui s'élabore en

1981 constitue un préalable aux questionnements concernant l'avenir des politiques publiques de la culture.
Collection d'essais documentaires, Culture Publique a ainsi été pensée comme un outil souple et réactif et néanmoins comme un objet complexe ouvrant sur une histoire en sédiments au cœur de laquelle nombre de questions d'aujourd'hui trouvent pour une part leur source. C'est pourquoi chacun des opus se compose de contributions sollicitées auprès d'acteurs et de témoins d'aujourd'hui comme d'hier et de documents d'archives qui invitent le lecteur à retraverser une mémoire enfouie, mais encore agissante, de la politique culturelle contemporaine. C'est notamment l'activation de cette mémoire, afin qu'elle ne reste pas lettre morte, que vise cette collection.

Le présent opus inaugure une série de publications à travers lesquelles l'épopée culturelle est questionnée de manière transversale au-delà des strictes compartimentations sectorielles qui structurent l'action publique (arts plastiques, théâtre, danse…). Intitulé *« L'Imagination au pouvoir »,* ce premier opus vise à questionner le tournant des années 1980 et les promesses qui fondent la politique culturelle envisagée alors. Formule emblème, ressuscitée de 1968, d'une action publique inédite ? Simple rhétorique institutionnelle relevant d'une mise en scène de la rupture ? Les différents contributeurs sont invités à démêler l'écheveau et à questionner sans concession l'institutionnalisation de la culture en tant qu'enjeu politique central.
Morceaux triés, plus que « morceaux choisis » au sens canonique du terme, divers documents d'archive sont là pour dire l'écart type de la langue et du sens de cette action politique et donner une idée de la palette du matériau historique à l'état brut. Ils dessinent un nuage de traces, éclats de temps mis en mots, parfois en musique si l'on considère la variété des régimes de la langue. C'est ainsi une invitation à résonances qui est proposée au lecteur comme ce fut le cas pour nos

contributeurs sollicités toutefois à partir d'un corpus plus conséquent. Encore faut-il pouvoir considérer ces éléments dénudés pour ce qu'ils sont.

Sans chercher à dénaturer cette confrontation avec les sources, cette rencontre sera alors accompagnée afin de permettre à chacun de saisir le lieu et les destinataires de ces paroles, de faire tomber les masques d'un discours pouvant parfois paraître suranné. Quant à ceux dont la substance et la vocation est vouée aux alcôves du pouvoir – les notes du ministre Jack Lang au président François Mitterrand –, nous en livrons une salve hétéroclite et significative à la fois, non pour satisfaire aux appétits fétichistes mais pour situer un moment de l'élaboration de la pensée et du discours politique propres aux acteurs en question. Néanmoins, il convient de souligner que l'échantillon est partiel comme partial et de rappeler que ces notes sont produites quotidiennement en un nombre conséquent. En outre, n'en sont ici publiées que quelques-unes adressées au président de la République, à l'exclusion de celles adressées au Premier ministre ou aux autres membres du gouvernement, qui sont tout aussi foisonnantes. En tout état de cause, ces notes témoignent de la volonté de délimiter un espace de déploiement politique et rendent compte des efforts de traduction en actes des promesses qui affleurent sur la scène publique. Elles disent au final davantage la difficulté, la frustration et l'effacement rapide des illusions après la conquête du pouvoir. Elles portent ainsi témoignage de l'autre face de ce que les mots ouverts des grands discours ont notamment pour vocation de masquer.

Trois séquences architecturent ce volume, trois moments d'exploration du paysage problématique.

« Archéologie » questionne les scènes où s'élaborent, au tournant des années 1980, les promesses de rupture dans la manière de concevoir l'action gouvernementale en matière de politique culturelle. Conceptualisation et légitimation de cette politique sont indissociables d'un contexte culturel spécifique, mais aussi d'un contexte politique international. Afin de rendre compte de la complexité des enjeux que recouvre la mise en place de la politique culturelle, les archives sélectionnées comme les contributions sollicitées visent à restituer les différents registres à partir desquels se dessine l'impératif de sa mise en place.

« Topologie » rend compte des mouvements, des bifurcations, des errements de la politique culturelle en fonction de la tectonique des plaques politiques. Comment s'articulent alternance politique et continuité d'une action culturelle enracinée ? Comment se superposent l'écume des décisions comme des discours et le fond d'une histoire structurelle marquée par les ruptures du siècle dernier ?

« Frontières » évalue l'effectif désenclavement social et politique de l'artiste annoncé par la promesse de placer « l'imagination au pouvoir ». Quid du dialogue renouvelé entre décideurs et monde de l'art ? Quid de l'interaction des champs politique et culturel ? Entre stratégie de séduction réciproque et nécessité impérieuse pour revitaliser le geste politique comme l'action artistique, multiples sont les enjeux, complexes les cheminements de la réflexion...

L'itinéraire ici composé est en définitive une invitation à recueillir de la matière à penser le contemporain et les lendemains qu'il dessine, voire que les acteurs d'aujourd'hui peuvent encore imaginer. Flânerie à travers des mots, des images, des désillusions comme des espoirs, cet itinéraire n'est pas un voyage organisé à destination de réponses circonscrites. Rythmé par de courtes escales, jalonné d'interrogations diverses et parfois surprenantes, son horizon n'est qu'une parcelle d'un vaste projet, celui de garder vif un questionnement fécond dans un contexte trop souvent hostile à la pensée.

La Nouvelle Alliance / « Les relations
« Nous

« La culture est,
« Monsieur le président,

1.

Le Temps de l'illusion lyrique / Parlez-vous le

entre l'homme politique et le créateur... » /
savons bien aujourd'hui que la culture... »

par vocation, contestation et révolte... » /
Mesdames et Messieurs les députés... » /
« Cher Président... » / « Cher Président... »

Lang ? / L'Epopée culturelle en sédiments

archéologie

Compagnon de route du parti communiste, le metteur en scène Antoine Vitez se voit confier en 1981 la direction du théâtre national de Chaillot. A l'orée de la première saison sous l'ère mitterrandienne, il délivre avec une certaine emphase sa vision de la fonction qu'il convient d'assigner au théâtre et, par extension, à l'art. En outre, la « Nouvelle Alliance » est l'un des lieux conceptuels constitutif de l'union de la gauche. En dépit de l'échec du programme commun en 1977, ce thème fait toujours écho à l'alliance PC-PS-MRG et corrélativement à la promesse d'alliance entre la classe ouvrière et les classes moyennes. Ainsi, au delà du manifeste de l'homme de théâtre sourd l'éloge d'une grande gauche retrouvée.

archive

Antoine Vitez

La Nouvelle Alliance

Texte publié dans Le Journal de Chaillot, *n° 2, octobre 1981 ;*
puis dans A. Vitez, Le Théâtre des idées, *Paris, Gallimard, 1991.*

C'est maintenant, le 12 novembre 1981, que nous commençons à jouer. Il est beau ce mot de saison : ce temps de l'année consacré au théâtre. Tous les jours, ces lieux « voués aux merveilles », comme dit l'inscription au fronton du Palais, retentiront des paroles proférées sur nos scènes.
Comme les temps changent ! Les mots d'or du poète philosophe, longtemps jugés pompeux et vieillots, reprennent du sens et du service ; ils semblent écrits pour nous, pour notre temps. Il est certain que l'on peut retrouver aujourd'hui l'ambition qui marqua le Front populaire et l'Exposition universelle, et que les idées reviennent parmi nous. On ne se débarrasse pas facilement d'elles. La lassitude des années bourgeoises a pris fin.
C'est alors que l'art du théâtre va se montrer dans sa jeunesse retrouvée. Et pourtant, combien de sottes comparaisons faudra-t-il encore entendre sur la fin du théâtre et son infirmité en regard des moyens massifs ! La vertu du théâtre est dans sa précarité même, sa faiblesse apparente, sa rareté. S'il nous échoit par bonheur que nos salles soient

pleines tous les jours, nous n'aurons quand même atteint que peu de monde à proportion de toute la France, mais il n'y a pas là matière à désespoir.

Car l'institution théâtrale doit renaître partout, dans le pays entier, sous des formes diverses et contraires, c'est le moins que l'on puisse attendre du 10 mai.

Et puis l'influence du théâtre n'est pas seulement dans les chiffres. Le théâtre donne chaque jour la preuve que l'esprit demeure et veille. Dans tous les pays du monde, les gens savent que c'est là, derrière les murs des théâtres, au sein des compagnies et des familles d'acteurs, que l'on conserve les paroles et les gestes de la société, qu'on les mime, qu'on les répète et reproduit, qu'on s'exerce à les changer, qu'on en donne les modèles.

Ce travail est de critique. Il l'a toujours été. Aujourd'hui, la tâche du théâtre est de contester sans cesse les innombrables messages, informations et réclames qui nous assaillent. Nous refusons pour nous-mêmes et pour le public la vérité des petits écrans, qui se veut d'évidence et de bon sens parce qu'elle est donnée sous l'espèce d'une image toute crue.

C'est pour cela qu'il faut un théâtre en France.

Ici, à Chaillot, il est affreux de penser que l'insouciance coupable des gouvernements qui s'est succédé pendant tant d'années a laissé se délabrer un théâtre où Vilar lui-même ne trouvait qu'un abri. Déjà les marches des escaliers ressemblent à celles des temples antiques ; on y reconnaît la trace des charrois qui les ont ébréchées.

D'autres corps vont s'animer à présent dans nos lumières. Car ce théâtre est celui des acteurs. D'une œuvre à l'autre, d'une scène à l'autre, on les reconnaîtra ; ils construiront ainsi leur image à travers leurs rôles – cette vie d'invention que l'on appelle, justement, une carrière.

C'est notre désir.

Et que Chaillot soit le lieu de la nouvelle alliance du théâtre avec le monde du travail. Ce n'est pas un luxe de souhaiter que tous les trente ans au moins notre art aille à la rencontre des travailleurs. Ce lieu-ci l'impose, aussi allons-nous l'entreprendre. C'est bien d'une alliance qu'il s'agit. Quel théâtre faisons-nous, et pour quel peuple ? Voilà la question que nous devons nous poser. Assurément la réponse est dans les œuvres elles-mêmes.

On nous aimera, on nous défendra, on nous détestera pour notre art et pour la signification publique de nos paroles feintes, de nos gestes empruntés d'acteurs, sur la scène.

A quelques semaines de l'élection présidentielle, François Mitterrand prononce une allocution lors du colloque de l'Unesco consacré au thème « Changement social et création » devant un parterre de consciences éminentes du monde entier et en particulier du tiers-monde.
Cette allocution résonne des credo *de l'Internationale socialiste dont François Mitterrand est un fervent artisan depuis son arrivée en 1971 à la tête du PS.*
En outre, à travers la majesté du verbe et les référents convoqués, se devine la figure du futur président de la République, « ami des arts et des lettres ».
Dans l'extrait ici proposé se dessine un vaste programme qui, coécrit entre autres par Jack Lang et Jacques Attali, étaye les enjeux de la politique culturelle appelée à accompagner la rupture de 1981.

archive

François Mitterrand

« Les relations entre l'homme politique et le créateur… »

Allocution prononcée à Mexico, le 19 mars 1981.

« […] Les relations entre l'homme politique et le créateur sont – pourquoi ne pas le dire ? – changeantes : délicates, houleuses ou affectueuses, parfois serviles. Plus étroite qu'on le pense est la parenté profonde entre l'homme politique et l'homme de culture. Il n'y a pas d'un côté l'homme politique et de l'autre l'homme de culture. Il n'y a pas d'un côté l'homme politique aux mains sales et de l'autre l'homme de création aux mains pures. Le sens poétique (en tout cas visionnaire) est à l'œuvre chez le grand responsable politique lorsque il parvient à faire basculer l'histoire et à réécrire le monde. A l'inverse, un homme politique sommeille sous le masque de l'homme de création : quel plus puissant pouvoir que le pouvoir de l'architecte recomposant l'espace, le pouvoir de l'écrivain subjuguant son lecteur, le pouvoir des hommes des médias envoûtant leurs contemplateurs passifs ? […]
Face au mouvement de la vie et de l'esprit, l'homme public doit être, me semble-t-il, inspiré par ces deux attitudes apparemment contradictoires : l'humilité et l'ambition. […]

L'humilité [...] consiste surtout à interroger les autres, à solliciter le concours de leur imagination critique. Le socialisme c'est d'abord cela : donner voix aux sans voix. Et à vous hommes de culture, et hommes de sciences, je tiens à vous dire clairement ceci : vous ne serez pas demain le décorum du socialisme, vous en serez les artisans. Vous ne serez pas, pour reprendre le mot de Nietzsche *"le colifichet pour faire bien"*. Vous serez au cœur du mouvement, et non à sa lisière. [...]

Et si demain je suis élu président de la République je prendrai deux initiatives :

1) Un pacte national pour la culture. Pacte solennel de nos engagements mutuels, il sera le fruit de la consultation de l'ensemble des professions intellectuelles qui établiront leurs cahiers de désirs et de propositions.

2) Création d'un Conseil national pour la science et la culture directement rattaché à la présidence de la République [...]. Les caractéristiques de ce Conseil national seraient d'être permanent, transdisciplinaire et international. Il se fixera des missions telles que : ausculter, radiographier notre temps – ce sera un observatoire du monde ; imaginer les solutions de notre futur – ce sera un laboratoire d'idées ; imaginer de nouvelles fonctions, de nouveaux horizons ; informer le plus large public possible – ce sera un informateur du peuple. [...]

Dois-je compléter mes propositions par une autre proposition à l'adresse de mes amis de l'Internationale socialiste : la paix, l'économie, la politique furent l'objet principal de nos rencontres. Je souhaite qu'à l'avenir la culture y occupe une place importante. La réunion d'aujourd'hui en ouvre le chemin. Je suggère à mes amis socialistes la création d'un "Conseil culturel de l'Internationale socialiste". Je propose aussi que ses membres ne se recrutent pas seulement parmi les dirigeants politiques mais aussi parmi les intellectuels, les savants

et les créateurs de chacun de nos pays. Cependant il ne suffit pas de consulter. Il faut aussi vouloir. Et notre ambition est grande. Nous proposons au pays un véritable New Deal de la culture. [...]
Au fond, le socialisme, c'est d'abord un projet culturel, c'est moins un choix de société qu'un choix de civilisation : en vérité, un choix de vie ou plutôt un choix de survie. Aujourd'hui, notre système est à bout de souffle, à court d'idées, désespère l'homme et l'enferme dans la solitude. [...]
La clé de voûte d'une autre politique : trois maîtres mots, trois commandements, un triptyque dont chaque élément commande les deux autres : réensemencer, décentraliser, créer.

Réensemencer
Les terres de l'esprit s'assèchent et s'appauvrissent à n'être pas fécondées et irriguées. Prenons garde. En France nous avons tendance à croire immortelle notre civilisation. Et si les chaînes de transmission des savoirs venaient à se briser ? Et si, telle la lumière des astres, la lumière de l'esprit nous atteignait longuement après son émission ? Et si sa source se tarissait, sans que nous le sachions vraiment ? Et si le loisir ne venait combler le vide de l'esprit ? Et si, comme le redoute Catherine Clément, *"au bout du télévisuel on rencontrait seulement le silence"* ?
Les faits sont connus : des millions d'enfants sont privés, un siècle après Jules Ferry, du droit à l'éducation artistique, de l'égalité d'accès à la culture. Des millions de citoyens décultarés par des médias trop souvent pauvres en imagination et, demain, sourds aux bombardements d'images stéréotypées fabriquées par les multinationales. Des milliers d'hommes et de femmes au chômage et qui, par une formation appropriée, pourraient, demain, devenir autant d'éducateurs.
Les remèdes : gouverner l'avenir et non en être le jouet. [...]

Décentraliser
"Déversailliser" : ce serait plus juste, car la centralisation date de Louis XIV. Décentraliser, irriguer.
Le désert français connaît certes ses oasis. Là où notamment les socialistes dirigent villes et régions.
Dans nos municipalités et régions : 15 % des crédits en moyenne attribués à la culture. Le sait-on assez à Paris ? Nos maires ont littéralement transformé le paysage culturel de leur ville. Et leurs actes témoignent de nos actes futurs. Voyez Mauroy. En cinq ans : l'Orchestre philharmonique de Lille, le plus célèbre de France, avec Casadesus ; la création de l'Opéra du Nord ; un nouveau théâtre national ; le festival créé par Maurice Fleuret ; le festival du Court-Métrage ; des musées enrichis et rajeunis ; le patrimoine architectural restauré et réanimé. Allez à Lille ou à Grenoble, à Marseille, à Rennes ou à Villeurbanne : vous y verrez le socialisme culturel en actes et en marche. Au prix d'immenses sacrifices financiers ! [...]

Créer
Inventer, imaginer. Déjà, nos deux démarches précédentes y contribuent. Mais il faut mieux encore et inventer ensemble le siècle à venir. Deux voies parallèles à suivre :
Donner toutes leurs chances aux chercheurs et aux défricheurs, ce qui veut dire : non à la politique de la rentabilité immédiate ; non aux taux d'écoute et aux sondages ; non à la concentration du pouvoir de décision ; oui à l'attribution de vrais moyens ; oui à la pluralité des sources de financement et de décision ; oui à la multiplication des chances. [...]
Mettre en chantier des réalisations de référence : si le rôle premier appartient aux créateurs et aux chercheurs, il importe aussi que l'Etat soit lui-même inventeur de quelques réalisations de portée nationale ou internationale. [...]

Pour conclure, deux citations :
La première de Pierre Emmanuel : *"Porter l'homme à ses propres frontières"* ; la seconde d'Octavio Paz : *"Je place mon espérance dans les flamboyants et les hommes du lointain."*
A l'aurore d'un nouveau devenir, je dis simplement : bonjour la vie ! »

Prononcé sur la scène internationale, ce discours du ministre de la Culture renvoie néanmoins au contexte français un peu plus d'un an après l'arrivée de la gauche au pouvoir. A l'heure de la préparation du second budget du gouvernement Mauroy, on commence à évoquer les limites ou inflexions à apporter au programme de 1981 face à l'ampleur de la crise économique. Dans son intervention, le ministre envisage la culture comme un lieu de remédiation à la crise économique et par suite de résistance à l'impérialisme américain. Jack Lang s'allie ainsi à l'effort du gouvernement français pour sortir du complexe de la citadelle assiégée par les politiques libérales et monétaristes comme par le jeu de l'affrontement Est-Ouest.

Jack Lang

« Nous savons bien aujourd'hui que la culture… »

Discours prononcé à Mexico, le 27 juillet 1982, lors de la conférence mondiale des ministres de la Culture.

« […] Nous savons bien aujourd'hui que la culture du monde n'est pas une, que c'est autant les traditions baoulé que les briques de Babylone, c'est autant l'ordre confucéen, même aboli, que les secrètes résistances des peuples contre le colonialisme. C'est autant la culture des empires aztèques que celle des esclaves et des opprimés. […] Veillons, mes Chers Collègues, à ne pas cultiver des syncrétismes mous et flous. Au contraire, soyons fiers de nos identités et de nos particularités et regardons avec admiration le spectacle de nos différences. Sachons que nous ne sommes qu'au tout début et au fond que le monde est un matin et est encore à inventer et à créer. Certains avaient pensé que ce monde où nous sommes finirait monotone dans l'espace gris de ses répétitions. Il n'en est rien. Rebelle, je le crois, et fraternel naturellement. Vous êtes là, nous sommes là, Chers Amis et Collègues, pour essayer de construire les mille avenirs qui foisonnent dans chacun de nos pays. […]

Les ministres de la Culture, je le sais moi-même, ont tendance un peu à s'enivrer de leur propre discours et à se réfugier dans les généralités. Une sorte de langue de bois de la politique culturelle tend à nous faire oublier parfois les réalités. Et si vous le permettez, je ne traiterai qu'un seul thème ce matin […] et ce thème je le formulerai d'une façon abrupte, je dirai : "CULTURE ET ÉCONOMIE – MÊME COMBAT". Inutile de se voiler les yeux, et de se réfugier dans l'angélisme, la réalité est là et incontestable. La lutte des classes, nationale et internationale, affecte l'art et même la culture. La beauté est art de vivre et le profit ne s'occupe pas toujours et de l'art et de la vie. […]

Trop souvent, Chers Collègues, nos discours sur les rapports Nord-Sud restent des discours et trop souvent nos pays, et je dirais tous nos pays, acceptent passivement, trop passivement, une certaine invasion, une certaine submersion d'images fabriquées à l'extérieur et de musiques standardisées. J'ai sous les yeux un tableau […] accablant pour nous tous. Il décrit les programmations télévisées dans chacun de nos pays. On observe que la majorité des programmations sont assurées par ces productions standardisées, stéréotypées qui, naturellement, rabotent les cultures nationales et véhiculent un mode uniformisé de vie que l'on voudrait imposer à la planète entière. Au fond, il s'agit là d'une modalité d'intervention dans les affaires intérieures des Etats ou, plus exactement, d'une modalité d'intervention plus grave encore, dans les consciences des citoyens des Etats. Je me dis toujours, et quand je parle ainsi je m'adresse aussi à mon propre pays qui pourtant a mieux résisté que d'autres, pourquoi accepter ce rabotage ? Pourquoi accepter ce nivellement ? Est-ce là vraiment le destin de l'humanité ? Le même film, la même musique, le même habillement ? Allons-nous rester longtemps les bras ballants ? Nos pays sont-ils des passoires et doivent-ils accepter, sans réagir, ce bombardement d'images ? Et sans aucune réciprocité ? Notre destin est-il de devenir les vassaux de l'immense empire du profit ? Nous souhaitons que cette conférence soit l'occasion pour les peuples, à travers leurs gouvernements, d'appeler à une véritable résistance culturelle. A une véritable croisade de cette domination. Contre – appelons les choses par leur nom – cet impérialisme financier et intellectuel. [...]

Deuxième aspect de ce thème général "CULTURE ET ÉCONOMIE" : la création peut être le moteur de la renaissance économique. Je dirai [...] que nous devons avoir en cette période historique une conception offensive et élargie de la culture. Pour reprendre un mot de Nietzsche : *"L'art ne doit pas être un colifichet que l'on accroche ici, là, pour faire joli."* L'art et la création doivent occuper au contraire dans nos sociétés une place centrale et non pas seulement ornementale ou décorative. L'art est d'abord art de vivre et doit comme tel recevoir plein droit de cité dans chacun de nos pays. Le droit à la beauté est un droit du peuple et par conséquent, c'est un devoir pour les gouvernants et pour les gouvernements que d'en assurer l'exercice effectif. Un de nos grands poètes, René Char disait récemment ceci : *"Dans nos ténèbres, il n'y a pas une place pour la beauté, toute la place est pour la beauté."* Cette conviction simple correspond à une politique très nouvelle pour nous en tout cas, qui s'est traduite par beaucoup de décisions que je ne peux toutes expliquer et exposer ici : doublement du budget de la culture, irrigation de l'ensemble du territoire par un vaste réseau de centres de création, encouragement à toutes les formes de la création, soutien actif aux industries culturelles et nationales : cinéma, livre, disque. [...]

Pourquoi cette importance de la culture ? Parce que précisément elle peut être l'une des réponses à la crise, car cette crise économique est d'abord en nous, elle est d'abord dans nos têtes et dans nos cœurs, elle est dans un comportement mental. Ou bien l'on croit que cette crise est une malédiction quasi divine face à laquelle rien ne peut être entrepris et alors on baisse les bras. Ou bien on croit que cette crise est en nous et alors, avec notre volonté, nous pouvons la juguler et alors nous donnons aux forces de l'esprit, aux forces de l'invention, aux forces de la création, priorité dans le combat social, priorité pour construire l'avenir. Une société qui ne crée pas meurt. Une société qui retrouve le sens de l'invention et de la création pourra redonner à chacun de nos pays l'idéal mobilisateur dont nous avons besoin pour vaincre la crise et, au fond, ces principales ressources, elles sont là, en nous-mêmes, et les gisements inexplorés de notre intelligence sont immenses.

Voilà, je crois, le combat auquel, dans notre pays, nous essayons aujourd'hui de convier les uns et les autres : libérer les énergies, libérer les imaginations, libérer les forces de l'invention, et penser qu'au fond un pays ne redémarre pas économiquement s'il ne redémarre pas intellectuellement. Il n'y aura de renaissance économique que si chacun de nos pays croit en l'avenir, retrouve goût et appétit de vivre, est prêt à investir dans l'intelligence et l'imagination, croyant en lui-même d'abord, avant de se soumettre à la fatalité de prétendues lois internationales. Au fond, de ce point de vue, on pourrait presque dire paradoxalement que la crise peut être une chance pour la culture. Je dirai que la crise est une raison de plus pour assigner à la création et à l'invention une place centrale dans la vie économique de nos pays. Un pays, ça ne se coupe pas en morceaux, et je suis attristé quand je vois certains, au nom de la crise, supprimer les crédits à la recherche et à la création, croyant par là même redresser la situation alors qu'ils l'empirent. [...]
Ainsi seulement, je le crois, en mieux résistant à la fascination d'un système uniformisateur nous pourrons faire de notre planète la planète de la polyphonie de nos cultures. Au fond, je propose que nous

choisissions les couleurs de la vie, que nous soyons tous habités, autant que cela est possible, par l'état d'esprit du soleil levant refusant les modes et les vogues, ne cédant pas à la moindre tempête, sachant que nous pouvons sortir de la crise, sachant que la vie de toutes les manières et quoi que nous fassions ne veut pas et ne peut pas plier les voiles. [...] »

Evincé du théâtre national de Chaillot en 1974, organisateur l'année suivante d'un colloque sur le sous-développement culturel français dans le cadre du festival de Nancy, Jack Lang fait irruption au PS à la fin des années 1970. Jean-Denis Bredin est pour sa part l'une des figures de proue de la rénovation du Mouvement des radicaux de gauche. Les deux hommes viennent de publier Eclats, *un dialogue sur la culture accompagné de notes d'Antoine Vitez. Leurs réflexions sur l'enjeu du théâtre se démarquent de la vulgate marxiste constitutive du patrimoine de la SFIO. En outre, elles se développent sur fond de redistribution des cartes au sein du PS suite à la rupture de l'union de la gauche et dans l'optique de la constitution de l'écurie présidentielle pour les élections de 1981.*

Jack Lang / Jean-Denis Bredin
« La culture est, par vocation, contestation et révolte... »

Dialogue publié dans Le Monde *les 28 février et 1er mars 1978. Propos recueillis par Bernard Chapuis.*

I. « La culture est, par vocation, contestation et révolte... »

Le Monde : Vitez dit, parlant de Chaillot et annotant votre livre : *« Je crois que l'on réduirait les dimensions de notre projet en parlant de la combinaison des arts. Je sais, moi, que je voulais bien faire du théâtre, du théâtre pur. »*
J.L. : [...] A Nancy, le théâtre – mais le mot est incapable de désigner exactement ces spectacles multiformes où les acteurs sont aussi spectateurs, où les spectateurs, conquérant ou contestant la scène, deviennent aussi acteurs – le théâtre, si l'on garde le mot, n'a cessé de défier les spécialisations culturelles si commodes à la culture établie et sur quoi elle assied sa tranquillité et la tranquillité qu'elle assure au système dominant. Parler, réciter, chanter, danser, mimer, hurler, se taire, tout cela sans division de soi, sans souffrance : c'est l'un des chemins – non le seul – pour passer de la culture d'héritage à la communication vraie. [...]

Ce que le festival a bien illustré, c'est que la culture doit être renouvellement, remise en cause : et par suite, labeur incessant. On a vu, à Nancy comme ailleurs, que les expériences les plus riches se dégradent en se prolongeant. Il en a été ainsi notamment du théâtre gesticulatoire, et aussi de la dramaturgie d'images. Ce que notre expérience éclaire, c'est l'importance de la pédagogie et de l'effort dans toute l'action culturelle. Antoine Vitez a très bien montré qu'ils n'étaient en rien contraires à la spontanéité et à l'invention.

Le Monde : Nancy a été un haut lieu de la contestation. Contestation de l'ordre établi, de la morale dominante et des pouvoirs en place. Le Festival de 1967 a annoncé Mai 1968, et y a peut-être contribué. Cela vous a valu beaucoup d'ennuis : avec la municipalité de Nancy et avec quelques ministres. Vous n'avez jamais rien cédé ?
J.L. : [...] Je crois que dans le monde moderne – car il a pu en être autrement dans une société différemment organisée – et plus spécialement dans la société industrielle, dans le société dite de consommation, la culture est par vocation, contestation et révolte : au risque de devoir l'être contre elle-même quand elle commence à devenir complaisante. Elle peut l'être franchement, comme l'ont montré beaucoup de spectacles à Nancy. Elle peut l'être insidieusement. Mais elle l'est. La culture est liberté ou n'est rien. Tout pouvoir – je constate des évidences – est de droite, tout pouvoir se nourrit d'arbitraire et organise sa tranquillité. La culture est révolte, défi, ou n'est rien. [...] Tous les opprimés, tous les minoritaires, tous les asservis, doivent trouver dans la culture leur expression, leur revanche et, s'il se peut, le chemin de leur libération. Et c'est pourquoi j'ai mêlé au festival des actions de solidarité internationale, notamment en 1977 en faveur des réfugiés d'Amérique latine.
Ici, je le reconnais, se distinguent deux conceptions de la culture que l'on peut qualifier par économie de mots, de droite ou de gauche. Pour les uns, la culture est agrément, divertissement, parure de la vie

et, au mieux, plaisir. Pour les autres, elle est respiration, vie et, par conséquent, dans un monde de souffles retenus et de vies mutilées, contestation, révolte et, pourquoi pas, violence. Elle est en tout cas un combat. J'avoue mon parti pris.

J.-D.B. : Lang oublie l'importance de l'émerveillement dans son projet. Son public – mais il refuse ce mot – ce sont sans doute tous les révoltés ; mais ce sont aussi les enfants. D'ailleurs, il ne les sépare guère. Ce qu'ont fait ensemble pour les enfants Vitez et Lang à Vincennes, en attendant l'ouverture de la grande salle de Chaillot, qu'ils ne connaîtront pas, est exemplaire : et ce fut une étonnante réussite mal connue du Paris intellectuel.

Pourquoi cette fête des enfants immense et prolongée ? Parce que le rêve, l'imagination, la convivialité, leur sont naturels, et que le monde adulte n'a pas encore eu le temps d'écraser leur émerveillement. Les enfants sont public privilégié et aussi artistes privilégiés. Lang et Vitez les aiment d'être capables de rire, de rêver et d'inventer sans effort. Ils aiment leur absence de sagesse et de résignation. Je trouve parfois que Lang leur ressemble : par l'intensité de ses désirs, la violence de ses impulsions, par ses caprices : enfant, et peut-être enfant gâté.

Mais au-delà des enfants, c'est à chacun de nous que Vitez et Lang ont voulu parler : à l'enfant que, chez chacun de nous, les habitudes, l'expérience, la vanité, n'ont pas détruit. Nous traitant comme des enfants, ils ont voulu surprendre le meilleur de nous : notre part de rêve, notre désir d'utopie, notre disponibilité de fou-rire, notre avidité de plaisir. [...]

II. « Changeons la vie, mais changeons-la tout de suite ! »

Le Monde : Qu'est-ce que l'art ?

J.L. : [...] Dans la langue balinaise, le mot *art* n'existe pas, il se confond avec la vie même. Dérisoires spectacles que nos corps improvisant : balourds, pataucls, lourdauds, engoncés et emprisonnés par la maladresse… Il faut apprendre aux enfants à se mouvoir. Adultes, il faut nous rééduquer. Il y faudra une infinie rigueur, une exigence de chaque instant. Echapper à la tentation de fonder un immense corps d'animateurs. Redouter qu'au nom de la tentation la France petite-bourgeoise n'impose le triomphe du neutre, du terne : la grisaille définitive du pays. Recréer un humus, réensemencer un terreau avec le concours de vrais créateurs.

La germination sera lente. On ouvrira les portes des écoles aux poètes, aux peintres, aux musiciens, aux architectes. [...] Au fond, le phénomène de l'art est simple : il suffit d'apercevoir sans cesse un spectacle vivant, de vivre entouré d'une nuée de poètes, et l'on devient poète. Cet idéal de la société dionysienne, on peut, le transposant, le réinventer un jour. [...]

J.-D.B. : Il faudrait surtout ne plus marginaliser l'expérimental, mais l'injecter au cœur des institutions. Il faudrait arracher l'innovation à son statut d'extraterritorialité : la libérer. Reconnaître le droit au changement et aussi le droit à la résistance au changement. Que soient libres ceux qui secouent le monde et ceux qui s'enferment dans les îles de la nostalgie !

J.L. : L'innovation dont tu parles passe d'abord par la réinsertion dans la communauté des millions d'exclus fabriqués par la société. [...] Et l'innovation ne s'invente pas du haut d'une tribune et ne se délivre pas comme un message dominical au bon peuple. Rappelons-nous la statue de Mme Boucicaut, fondatrice du Bon Marché : on la voyait descendre avec condescendance les marches de la hiérarchie sociale pour porter du pain à un enfant dévêtu et affamé. Il ne faut pas que les expérimentateurs et les dirigeants de demain apparaissent sous les traits de cette femme confortablement vêtue qui offrirait les miettes de leur capital culturel aux pauvres. On ne doit pas descendre les marches du savoir pour transmettre des lambeaux de culture. [...]

Le Monde : Tout ce que vous dites rappelle ou reprend une bonne part du discours de Mai 1968. Vous vous en sentez solidaire ?
J.L. : Pourquoi pas ? Au printemps 1975, le gouvernement algérien a convié l'ensemble des citoyens à s'assembler en réunions permanentes de critiques et de propositions. Pendant deux mois, l'Algérie fut secouée par un tonifiant souffle libertaire. Suggestions et idées neuves affluaient de toutes parts. Hélas ! La charte nationale qui en résulta ne reproduisit qu'une part infime des projets imaginés par les citoyens.
Imaginons pour la France un processus semblable conduit jusqu'à son terme. Pendant deux mois, les Français seraient invités par quartiers, par professions, par entreprises, par écoles, à énoncer leurs plaintes, leurs revendications, à concevoir des solutions nouvelles. Une procédure établie par le Parlement réglementerait l'organisation de ce forum national pour en assurer la meilleure fécondité. En évitant son accaparement par tel ou tel groupe. En facilitant l'expression libre de toutes les minorités comme de toutes les majorités, des faibles comme des grandes gueules. On imaginerait un système simple et rationnel de rédaction de ces nouveaux cahiers de doléances et de propositions. Au terme de cette procédure, un document national serait établi : la radiographie des mentalités, des pulsions, des espoirs, des imaginations, des citoyens français en 1978.
Qu'un gouvernement invite ainsi officiellement l'esprit d'utopie à parcourir le pays, constituerait un événement de portée révolutionnaire. C'est vrai, je crois à la fécondité sociale de l'utopie. Et Mai 1968, c'était une révolte de l'utopie et du rêve contre la société de la rationalité. C'était aussi la cordialité retrouvée.

Le Monde : Le droit au rêve ?
J.-D.B. : Le droit à l'humour, à la tendresse, au rêve, à la poésie… Ce à quoi on reconnaîtrait une société de gauche telle que les Français la rêvent… et l'aimeraient.

Le droit au silence aussi ! Nous sommes dans le temps de l'incantation verbale. Les mots se nourrissent de mots. Le pullulement des rhéteurs – politiques ou non – bourdonne à nos oreilles fatiguées ! Quel décalage entre l'inflation du discours et la rareté des actes créateurs, entre la luxuriance des mots et la pauvreté des utopies concrètes ! On a envie de dire ces derniers mots : « Que le silence se fasse. Et saisissons la vie. »

J.L. : [...] Changeons la vie ? Mais changeons-là tout de suite. Que les « responsables » transforment leur vie : Ben Gourion ne rêvait pas d'un kibboutz mythique, il le façonnait de ses propres mains. Mao Tse-toung traversait le Yang-tse à la nage à soixante-quinze ans. Nyerere parcourait à pied des dizaines de kilomètres à travers la Tanzanie. Le « ici et maintenant » ne s'adresse pas seulement aux citoyens, mais à tous les responsables. Tout faire pour que demain les dirigeants ne se conduisent pas en professeurs Nimbus, contemplant et observant les citoyens s'ébattre dans les expériences sociales comme ils regarderaient des grenouilles s'étriper et copuler dans des bocaux. Que chaque responsable s'éprouve en son kibboutz : pour l'un, ce sera un comité de quartier ; pour l'autre, un centre culturel ou un terrain d'aventures, un village thérapeutique ou une école expérimentale.

Que les hommes politiques se transforment, s'ils veulent transformer le monde... Qu'ils nous offrent des poèmes en guise de discours ! Qu'ils changent la politique, s'ils rêvent de changer la vie.

Le texte publié est un extrait de la transcription du discours prononcé par Jack Lang devant la représentation nationale. Participant du premier débat budgétaire maîtrisé par l'équipe socialiste depuis 1981, cette intervention s'inscrit dans un moment crucial pour la nouvelle majorité gouvernementale. De plus, invités à l'Assemblée nationale, artistes et hommes de culture sont venus écouter les paroles de Jack Lang. Dès lors, après les parades déployées devant le Panthéon lors de l'investiture présidentielle du printemps, ce discours fait office de baptême du feu pour le premier ministre socialiste de la Culture.

Jack Lang

« Monsieur le président, Mesdames et Messieurs les députés… »

Discours du ministre de la Culture à l'Assemblée nationale, 17 novembre 1981.

« Monsieur le président, Mesdames et Messieurs les députés.

Doubler le budget de la culture en temps de crise, est-ce bien raisonnable ?

Alors même que sous l'impulsion vigoureuse du Premier ministre, le gouvernement et le pays se mobilisent pour gagner la bataille de l'emploi, l'urgence ne commandait-elle pas d'autres priorités ? N'est-ce point heurter là de front le sens commun ? A moins qu'il ne s'agisse – suprême habileté – de prescrire la culture comme on prescrirait un analgésique, pour mieux faire supporter l'insupportable – la plaie du chômage – que le gouvernement craindrait de ne pouvoir guérir.

Sur le chemin des interrogations décapantes, les questionneurs les plus corrosifs n'en resteront pas là et poseront la question des questions : un ministère de la Culture, à quoi bon ? Pour éclairer d'un petit coin de ciel bleu le sévère appareil d'Etat ? Pour apaiser les consciences malheureuses ? Pour féconder l'avenir ?

La réponse c'est le pays tout entier qui l'a, le 10 mai 1981, proférée. Ce jour-là, les Français ont franchi la frontière qui sépare la nuit de la lumière. En choisissant un nouveau chef de l'Etat, ils ont vaincu la peur et bravé les interdits ; ils ont déchiré les convenances, mis en pièces les habitudes et crié leur volonté de vivre. Rappelez-vous les explosions de bonheur aux quatre coins de la France, les retrouvailles de la Bastille, l'invitation à la vie et au mouvement, le déferlement de joie dans toutes les grandes capitales pour célébrer le commencement libérateur.

Même élan, même appel, même enthousiasme, le 21 mai, lorsque porté par le peuple de Paris, lorsqu'escorté par les écrivains, les créateurs, les savants de plusieurs nations, le nouveau président gravissait les marches du Panthéon, à la rencontre de Jean Jaurès, de Jean Moulin et de Victor Schoelcher. Qui peut oublier les visages et les voix du Quartier Latin et cette ferveur à l'unisson de l'*Hymne à la joie ?* Voici qu'enfin le pouvoir n'avait plus peur ni de la jeunesse ni de l'intelligence et que, pour la première fois, les forces de la création se reconnaissaient en lui. Voici qu'enfin, le pouvoir, renouant avec la mémoire du pays, redonnait à son peuple un avenir. [...]

Désormais, il n'y aura plus d'un côté l'imagination des uns tendant leur sébile et le désespoir des autres fabricant des cocktails Molotov. Désormais, le pouvoir s'emploiera, lui aussi, à retrouver, sous les pavés, la plage...
Le droit à la vie : ainsi s'écrit en lettres vives l'appel du 10 mai. Le droit à la vie (ou encore le droit à l'avenir) s'articule autour de deux idées simples qui architecturent le programme du Gouvernement : le droit au travail et – j'ose cette audace – le droit au bonheur.

D'abord, le droit au travail, c'est-à-dire le droit pour chacun d'apporter sa pierre à la maison commune, sans jamais abandonner personne au bord de la route.
En même temps, oui, le droit au bonheur – appelons-le aussi le droit à la beauté, c'est-à-dire le droit pour chaque citoyen de jouir des œuvres de beauté ou, s'il en a le talent, de fabriquer lui-même des œuvres de beauté.
Droit au travail, droit à la beauté, même combat ! Les plus pauvres sont toujours privés de l'un et de l'autre. Les plus riches sont souvent gavés de l'un et de l'autre. Droit au travail, droit à la beauté. Oui, c'est bien le même combat, la même ambition : redonner au pays santé, ardeur et appétit de vivre, propager le goût d'entreprendre, restaurer l'esprit d'aventure, de recherche et de création. Dès lors, nulle opposition factice, trop souvent attisée naguère, entre l'économie et la culture. Une nation ne saurait remporter la victoire sur les champs de bataille de l'économie et de la politique, si la guerre qu'elle mène ne s'éclaire pas de la lumière du bonheur à l'horizon et si l'enjeu de la bataille n'est pas seulement un niveau de vie mais un art de vivre. Renaissance économique et renaissance culturelle sont tributaires l'une de l'autre. Pas d'espoir de redressement économique en un pays qui laisserait les intelligences et les talents en friche, et les hommes sans idéal. […]

Une France en marche, une France au travail, c'est avant tout une France foisonnante et inventive, une France confiante en elle-même, explorant les gisements encore insoupçonnés de sa puissance d'invention. L'échec économique de nos prédécesseurs, ce fut d'abord un échec culturel. Sourds aux aspirations qui ne se laissent pas emprisonner dans les rets des technocrates, ils avaient perdu foi en la force de l'esprit et de la volonté. Ils avaient abandonné, bras ballants, le pays aux tourmentes du marché international.

La culture, c'est-à-dire la vie de l'esprit, ne peut être confinée en un lointain empyrée, indifférente aux douleurs et aux désirs des hommes. La culture, c'est la vie même. [...]

I. Un ministère au service d'un projet de civilisation [...]

Première observation : la culture n'est pas la propriété d'un ministère.

Si notre ambition culturelle est une ambition de civilisation, alors aucun ministère n'en a le monopole, aucun ministère n'en est exempté. Chaque administration, chaque service public, chaque entreprise nationale en sera l'artisan. Ce gouvernement compte non pas un mais quarante-quatre ministres de la Culture. Chacun de leurs actes a valeur d'acte de civilisation. Culturelle, l'abolition de la peine de mort ! Culturelle, la réduction du temps de travail ! Culturel, le respect des pays du tiers-monde ! Culturelle, la reconnaissance des droits des travailleurs ! Culturelle, l'affirmation des droits de la femme ! [...]

Pas une seule administration qui puisse échapper à ce combat pour un nouvel art de vivre ! Avec chacun de mes collègues, celui de la Défense comme celui de la Santé, celui de la Justice comme celui de l'Industrie, la collaboration s'est établie dans l'amitié et la confiance. Ainsi espérons-nous servir collectivement la renaissance culturelle du pays : de la création industrielle à l'aménagement urbain, des métiers d'art à l'industrie du meuble. Dans le même esprit, chacun des membres du gouvernement s'emploie à appliquer les directives culturelles du président de la République : généralisation effective du 1 % à l'ensemble des constructions publiques, amélioration de la commande publique architecturale. Et au-delà des ministères, c'est l'ensemble du secteur public qui devra se mettre en mouvement : entreprises nationales, universités, établissements publics.

Ministère d'impulsion et d'imagination, le ministère de la Culture en assurera l'orchestration.

Deuxième observation : la culture n'est pas la propriété d'une classe [...].

Pourquoi les plaisirs de l'esprit et de la sensibilité seraient-ils l'exclusif apanage de privilégiés du savoir et du loisir ? L'acte du 10 mai impose aux dirigeants et aux hommes de culture de ce pays un devoir impérieux : ne jamais oublier que si aujourd'hui une chance nouvelle est donnée aux créateurs, c'est à la volonté de changement des travailleurs qu'ils le doivent. C'est à ces travailleurs que le ministère de la Culture doit d'abord penser, sans paternalisme ni condescendance. [...]

Troisième observation : la culture n'est pas la propriété d'une ville, fût-elle la capitale.

Des siècles de centralisation ont trop souvent dépossédé les provinces de leurs richesses et de leur dignité. Aujourd'hui encore, telle une pompe aspirante, la capitale draine vers elle artistes, intellectuels, créateurs. On rêve d'un dialogue à mille voix et l'on n'entend qu'un soliloque : le discours à sens unique ordonné par la société parisienne du spectacle et des idées, accaparant le pouvoir de la parole, et détenant le monopole du bon goût et du bien dire. Le pays n'a rien à gagner à cette diversification culturelle de régions entières. Il a tout à gagner, au contraire, de l'émulation entre les cultures, de la compétition entre les provinces, de la confrontation entre les traditions de chaque cité. Il a tout à attendre de la résurrection des mémoires enfouies et du réveil des imaginations bridées. Finie la culture octroyée d'en haut, telles ces miettes de profit que Mme Boucicaut, la dame du Bon Marché, distribuait jadis au bon peuple. [...]
Ainsi, petit à petit, le tissu culturel du pays s'irriguera d'un sang neuf, et là où la caillasse et la broussaille avaient stérilisé les terres cultivées, la sève de la vie circulera à nouveau. [...]

Quatrième observation : la culture n'est pas la propriété d'un seul secteur, fût-il le secteur public.

Le secteur privé de la culture recouvre des activités nombreuses et essentielles : le livre, le disque, le cinéma, les métiers d'art, le mobilier urbain, la création industrielle, la mode, l'art de l'habitat, la photographie, la facture instrumentale, le marché de l'art… Faut-il abandonner ces activités à leur propre sort et assister, passif, au déclin de certaines ? C'est la tentation de l'Etat libéral acceptant, sans mot dire, la domination croissante des groupes multinationaux. Ni indifférence, ni ingérence : tel sera notre mot d'ordre. Il n'y a pas d'un côté la culture aux mains propres, celle du secteur public. Il n'y a pas de l'autre la culture aux mains sales, celle du secteur privé. Le devoir de l'Etat est d'être attentif à l'épanouissement de toute la vie culturelle du pays quel que soit le statut de ses agents. Au moment où l'Etat retrouve sa grande tradition de mécénat, il peut sans complexe se tourner vers le secteur privé et entretenir avec lui des relations adultes et sereines. […]
Oserai-je le dire ? La culture est un secteur de pointe appelant demain à être fortement créateur d'emploi : 10 000 emplois en 1982. Aucun effort ne sera négligé pour assurer et développer l'expansion de nos industries culturelles. […]

II. Un ministère au service de l'art et de la création

Après une longue adolescence, l'âge de la maturité est enfin venu. Le ministère de la Culture a vingt-deux ans. L'heure du passage à l'âge adulte n'avait que trop tardé. Parent pauvre du budget, sous-équipé et sous-administré, il était le Cendrillon de l'Etat.
Six milliards de francs : un doublement en francs courants, première étape vers le 1 % du budget en 1983. C'est la volonté même du président de la République, pleinement soutenu par le Premier ministre

et le ministre du Budget. Saluons l'événement. On ne le reverra pas de sitôt. Jamais une administration n'avait connu en une année un tel bond en avant. C'est une nouvelle naissance. [...]

En même temps que nous le célébrons, minimisons, en effet, l'événement. Non, le ministère de la Culture ne croulera pas sous l'or. Ces 3 milliards supplémentaires, c'est l'équivalent de 150 km d'autoroutes. Ce n'est pas à vous, élus du peuple qui côtoyez souvent le désert culturel, que j'expliquerai longuement l'ampleur des besoins à satisfaire : de la remise à flot d'institutions asphyxiées par sept années de stagnation à l'irrigation artistique de l'ensemble du territoire. [...]

Les chiffres en eux-mêmes ne sont rien. Ce sont les tâches qui justifient les moyens. Pourquoi ce budget accru ? Simplement pour « faire plus », sans rien changer à rien ? Ou un budget accru pour faire mieux et autrement ? La réponse est évidente si l'on veut mériter la confiance du Parlement du pays.
Sans argent – à notre arrivée les caisses étaient vides – et en six mois la preuve a été faite que l'imagination et la volonté politique peuvent déjà inverser le cours des choses. [...]

Le temps me manque pour vous exposer secteur par secteur nos projets, tant est féconde l'imagination de tous ceux qui travaillent à nos côtés.
Deux maîtres mots résument notre politique : création, décentralisation.
Donner toutes ses chances à chaque créateur français. Donner toutes ses chances à chaque citoyen, quel que soit son lieu d'habitation (petite ou grande commune, plaine ou montagne, ville ou campagne) de participer à la vie de l'esprit. Voilà les deux exigences premières.

Une société qui ne crée pas meurt. Une société qui ne crée pas librement meurt aussi. Pas d'art imposé : ni par l'Etat ni par la mode. Libre cours à toutes les formes et en tous lieux. Pas de modèle unique. A chacun son choix : l'art savant ou l'art populaire, l'art nouveau ou l'art traditionnel. [...]
Et le patrimoine : sera-t-il sacrifié à la création ?
Nul besoin d'une année du patrimoine pour le bien traiter. Mieux que jamais – et sans tambour ni trompette – il sera préservé, entretenu, enrichi. Au reste, comment le séparer arbitrairement de la création ? La création s'en nourrit. L'arbre déraciné ne produit plus de bourgeons. A l'inverse, le patrimoine doit s'ouvrir au bouillonnement du temps présent, sous peine de n'entendre résonner que les seules voix du silence.

La décentralisation est l'autre maître mot de notre politique.
Sous ce vocable, beaucoup de confusions. Sachons distinguer ses composantes. La décentralisation, c'est la revendication simultanée et pas nécessairement concordante (mais sachons vivre les contradictions) de trois droits.
Le droit des élus locaux à s'autoadministrer et à définir eux-mêmes leur politique culturelle.
Le droit des artistes à créer dans leur ville ou leur région et qui – paradoxe de la décentralisation à la française – ne se considèrent comme authentiquement décentralisés qu'une fois reconnus par la collectivité nationale.
Le droit des citoyens à la présence d'une vie culturelle dans leur cité.
Trois droits. Et un devoir : celui de l'Etat à réparer des siècles de blessure et de rabotage de cultures. En paiement de sa dette, l'Etat moderne devra réensemencer et réirriguer un territoire asséché par l'hégémonie du pouvoir centralisateur. C'est par un dialogue d'égal à égal que commune par commune, département par département,

région par région, l'Etat conclura des contrats de développement culturels pluriannuels. [...]

Je sens que notre pays connaîtra bientôt une ère d'éclosion artistique et intellectuelle intense. Toutes les conditions sont réunies pour une renaissance : les talents, la volonté, le climat spirituel. [...]

Quelques mots pour conclure. J'appartiens à une génération d'hommes de culture pour qui l'Etat était l'ennemi, non seulement l'ennemi politique, mais l'ennemi intellectuel.
Je suis fier d'appartenir à un gouvernement pour qui l'art et la culture sont ses alliés.
Jamais dans l'histoire récente de la République, un pouvoir n'avait bénéficié d'un tel assentiment et d'un tel soutien auprès des hommes de culture. Par centaines, les témoignages de cinéastes, de peintres, de compositeurs affluent sur le bureau du président de la République pour lui dire leur gratitude.
Et pourquoi cette ferveur et cet élan ? Parce que ce gouvernement est le gouvernement du respect de la parole donnée et de la morale politique, parce que ce gouvernement est le gouvernement du respect de la dignité des travailleurs et des créateurs, parce que ce gouvernement est le gouvernement de la foi en l'avenir et non de la défaite.
Serons-nous dignes de cette confiance ?
Oui, si nous savons prendre exemple sur ce que fut le long combat de la gauche et de François Mitterrand. Ce combat vaut manifeste culturel pour la société à construire. Il proclame l'exigence de la rigueur et la force de la volonté humaine. Il annonce la libération des énergies et la reconquête de soi-même. Il montre la voie à choisir : résister aux modes et aux vogues, semer les idées neuves contre les vents contraires, regarder loin et grand pour s'arracher à l'attraction des idées reçues.

Lorsqu'on a le bonheur d'être le ministre de la Culture du premier président socialiste de la République, on se sent habité par l'exigence et la modestie. Sera-t-on à la hauteur d'une confiance offerte si généreusement ? A lui seul, le ministre de la Culture ne peut changer le paysage… Aux hommes de création d'ouvrir de nouveaux chemins, ceux que le peuple français leur a déjà défrichés le 10 mai. A eux d'être à la mesure de l'événement, à la mesure de l'attente du pays et des travailleurs. Et qu'ils veuillent bien méditer cette belle phrase de Schiller, écrite en 1796, lors de la réouverture du théâtre de Weimar en pleine Révolution française : *"L'art a le droit, lui aussi, de tenter un vol plus haut, oui, il doit le faire s'il ne veut pas avoir honte devant la scène de la vie."* »

Notes au président

Non sans emphase, la parole publique célèbre le nouvel élan budgétaire : avec le 1 % la politique culturelle réalise enfin son « passage à l'âge adulte ». *Les deux notes au président reproduites ici témoignent d'un hiatus : il existe un contrechamp de la parole publique, espace silencieux où se trame quotidiennement le jeu des tractations, où les projets s'avèrent fragiles. Il en va ainsi de la politique culturelle comme de toute autre politique ; il en va ainsi de la question du 1 % comme de toute autre question. Ces notes du début du premier mandat présidentiel rendent ainsi compte de la difficile mise en place de la politique affichée au grand jour. En outre, leur tonalité atteste l'âpreté de la négociation budgétaire qui, pour l'essentiel, court sur les mois de juin et juillet 1981 et 1982.*

Ministère de la Culture

3, rue de Valois, 75042 Paris Cedex 01, Téléph. : 296-10-40

Le Ministre

Paris, le 22 Juillet 198I

Cher Président,

Puis-je un instant vous arracher aux lourdes préoccupatic qui sont les vôtres et évoquer à nouveau le 1 % pour la Culture.

Modeste pas ses implications financières, le 1 % aura un effet politique puissant.

1. Le 1 % représente un effort budgétaire relativement modeste.

Vous avez souvent rappelé ce mot de MALRAUX à propos du budget de la Culture : "3 sous multipliés par 2, cela ne fait jamais que 6 sous ! ". En application du 1 %, le budget dela Culture passerait de 3 milliards en 198I à 7 milliards en 1982 - soit 4 milliards d'augmentation. Il faut savoir que sur ces 4 milliards d'augmentatio 2 milliards serviraient à faire face aux seules obligations héritées du passé : d'une part la nécessaire mise à flot des institutions éta. blies (musées, théâtres, Opéra, musique...), ou au financement des opérations lourdes irréversiblement engagées par l'ancien régime (Orsay, Beaubourg, Béjart à Chaillot...).

Seuls les 2 autres milliards représenteraient les mesures réellement nouvelles du nouveau Gouvernement. Or 2 milliards c'est l'équivalent de la construction du seul Centre Beaubourg. Est-ce trop demander à l'Etat que de faire bénéficier l'ensemble du pays d'une dépense équivalente à l'édification du Centre Pompidou. 2 milliards, c'est aussi l'équivalent de 130 kms d'autoroute, c'est moins de 3 % de notre réseau autoroutier !

Une comparaison s'impose à l'évidence entre le gain politique des deux types de dépenses. Là une fabuleuse effervescence nationale, ici - pour les 130 kms d'autoroute - une simple satisfaction locale : une bande de terre bitumée !

.../

Le document est reproduit tel qu'il figure aux archives. Quelques lettres sont manquantes.

2. Le 1 % aura un effet politique démuliplicateur

D'abord le 1 % figurera au rang des grands gestes accomplis par le nouveau Président de la République. Il aura valeur de symbole. Il s'inscrira dans l'histoire de la République au même titre que les congés payés ou les 40 heures en 1936. Il sera salué comme un acte historique qui témoignera avec éclat de la volonté de renouveau. La mesure déchainera un immense enthousiasme et suscitera un solide et durable mouvement d'opinion en notre faveur.

Soyons un instant trivial. Dans beaucoup de Ministères, l'argent public se dépense sans que l'effet politique soit immédiatement identifiable. A la Culture, l'argent public dépensé rayonne, brille et propage longtemps ses vertus. Que reste-t-il de la Présidence Pompidou si ce n'est le Centre Beaubourg dont le rayonnement a fini par faire oublier la construction de la voie express ?

4 milliards de plus pour la Culture : ce sont des millions d'enfants Français bénéficiant enfin du droit à l'apprentissage d'un art ; ce sont des milliers d'artistes dans le pays enfin aidés, qui seront demain les porte-voix du socialisme ; ce sont des milliers de communes participant pleinement au mouvement dela vie et de la création ce seront aussi des centaines d'entreprises privées qui par contagion retrouveront le chemin du mécénat.

Je n'évoquerai pas ici l'effet économique d'une telle mesure : création de nombreux emplois, participation à l'équilibre de la balance des paiements par l'exportation de produits culturels de qualité (films, disques, livres, cassettes...).

*

*   *

Puis-je en conclusion rappeler l'ampleur de la tâche culturelle à accomplir. Elle est à la mesure de l'immensité du désert à féconder.

Comparons par exemple la carte musicale de la France et la carte musicale de la République Fédérale :

Pas une ville moyenne d'Allemagne qui n'abrite tout à la fois un Opéra, un orchestre philharmonique, un ensemble choral, une école de musique supérieure, des écoles de musique multiples ouvertes à tous les enfants. En France, en revanche, seules 9 régions sur 22 disposent d'un orchestre philharmonique ! Que dire de la pauvreté des Opéras de région et de l'absence d'une vraie formation musicale pour les petits comme pour les grands. Un siècle après la naissance de l'école obligatoire, le Parlement devrait voter une loi Jules Ferry de l'éducation artistique !

.../

Ce qui est vrai pour la musique l'est bien davantage pour les autres secteurs : notre patrimoine national en deshérence ; nos musées abandonnés trop souvent à la poussière ; nos églises de village pillées ; la formation aux arts plastiques cédée à des institutions privées ; les maisons de la culture au bord de la faillitte...

Je voudrais ajouter un dernier argument. Vous souhaitez à juste titre que votre présidence soit marquée par des réalisations nationales de référence : tel serait le cas pour le "Beaubourg de la Musique". Or on ne pourra faire admettre par l'opinion ces réalisations d'envergure - le plus souvent placées à Paris - si parallèlement chaque province de France ne bénéficie pas d'un effort semblable.

Quelle déception en revanche et surtout quelle colère chez nos plus fidèles supporters, si le 1% n'entrait pas en vigueur. Il faudrait alors se préparer à une vive contestation.

Pardonnez-moi de vous avoir pris un peu de temps. J'espère vous avoir convaincu.

Veuillez agréer, Monsieur le Président, l'assurance de ma haute considération.

Jack LANG

Ministère de la Culture

3, rue de Valois, 75042 Paris Cedex 01 - Téléphone : 296-10-40

Le Ministre

7 juin 1982

Cher Président,

je ne me permettrais pas de distraire à nouveau quelques minutes de votre temps si l'enjeu de cette semaine ne me paraissait pas décisif pour l'avenir culturel de votre présidence.

Une conviction m'anime depuis toujours : ce n'est pas en engloutissant des milliards que l'on bâtit une oeuvre de renouveau intellectuel artistique. C'est au contraire en donnant d'abord rendez-vous à la volonté, à l'enthousiasme et à l'intelligence. Avec trois bouts de ficelle l'homme d'imagination fabrique des miracles, tandis que le budgétivore - éternel non rassasié - ne produit que la bureaucratie.

Cette ligne d'action, que j'ai mise en pratique tout au long de ma vie m'autorise à m'adresser à vous et à vous dire avec toute la force de ma conviction : "N'interrompons pas l'effort annoncé par vous voici huit mois lors de votre conférence de presse de septembre dans laquelle vous promettiez le 1 % pour 1983 ! N'arrêtons point le convoi au milieu du gué !"

Après dix ans d'asphyxie et après une année de traitement d'urgence, le Ministère de la Culture est encore convalescent. Moins pauvre que sous Giscard, il n'est cependant pas plus doté que sous Pompidou. Pour accomplir votre dessein, il faut donc aller plus loin. D'immenses espoirs se sont levés. Ne les décevons pas.

Au delà même des impératifs de développement culturel national, c'est notre réputation internationale qui est en jeu. Partout dans le monde (comme en témoigne la presse de nombreux pays), on parle déjà d'un modèle culturel français. Notre pays est cité en exemple par les artistes des cinq continents. Gardons ce rôle de phare que, grâce à vous, la France enfin retrouve.

L'année budgétaire est mauvaise ? Raison de plus pour maintenir le cap sur une priorité au demeurant peu coûteuse mais politiquement si rentable ! Comparons l'économie financière qui résulterait du non respect de l'engagement du 1 % et la perte politique qui en découlerait. L'une ne vaut pas l'autre. A peine sorti de l'eau, le Ministère de la Culture perdrait pied à nouveau.

Monsieur François MITTERRAND

Président de la République

Plus j'avance dans la connaissance des déserts culturels, plus je suis convaincu que, loin d'être un objectif mythologique ou incantatoire, le 1 % est la condition minimale d'un vrai décollage.

Puis-je pour conclure attirer votre attention sur deux points concrets essentiels :

1°) L'inclusion des autorisations de programme dans le calcul du 1 % (telle qu'elle a été proposée par le Ministère du Budget) serait ressentie comme une tromperie). Outre qu'elle signifierait la stagnation des moyens réels du Ministère, cette pirouette financière serait vite éventée puis dénoncée comme une malhonnêteté par l'ensemble de la presse et de la communauté intellectuelle. Elle ne serait pas digne d'un grand gouvernement. Et personne ne serait dupe d'un habillage aussi grossier. Au demeurant on nous croira devenus riches alors que nous serons restés pauvres. Les demandes afflueront vers nous. Que répondre alors si ce n'est la vérité : le gouvernement s'est livré à un maquillage financier !

En conclusion, si l'on hésite - et je le regretterai - à franchir le pas en 1983, je suggère alors d'annoncer que le 1 % (établi selon les chiffres sincères) sera réalisé en 1984 et que le budget de la Culture pour 1983 représentera 0,95 % du budget de l'Etat.

2°) Quelle que soit la solution retenue, je me permets d'insister beaucoup auprès de vous pour que les chiffres exacts soient transmis par la Présidence à l'Hôtel Matignon. Plusieurs expériences récentes montrent en effet que des décisions prises en Conseil des Ministres sont infléchies au stade de l'application : Ainsi du texte sur les transferts de compétence culturelle dont la rédaction finale n'a pas tenu compte de vos fermes observations en Conseil des Ministres.

C'est pourquoi je me permets de vous demander de bien vouloir arrêter vous-même les composantes précises de notre budget pour 1983.

Je suggère que les chiffres fixés ne soient pas inférieurs aux données suivantes :

- Dépenses ordinaires	7 milliards 4
- Crédits de paiement	1 milliard 8
- Création d'emplois	2 500

*

* *

Pardonnez mon insistance dictée par le seul souci de mieux servir votre politique et de porter plus loins encore votre ambition pour la Culture.

.../

Un grand dessein a été tracé par vous. Jamais aucun gouvernement n'a bénéficié d'un tel assentiment auprès des créateurs et des artistes. Annoncer aujourd'hui une politique de stagnation ruinerait nos efforts et conduirait beaucoup d'intellectuels à rejoindre le choeur de nos ennemis.

Je profite de ce mot pour vous redire toute ma reconnaissance et tout le bonheur que j'ai de travailler à vos côtés et sous votre impulsion.

Croyez, Cher Président, à mes sentiments les plus fidèles et les plus dévoués.

Jack LANG

Jean-Pierre Léonardini

Le Temps de l'illusion lyrique

Contribution de décembre 2003.

Critique de théâtre puis responsable des pages culture de L'Humanité, *Jean-Pierre Léonardini appartient à une famille politique, celle du PC, qui a historiquement fait de la question de la politique culturelle un enjeu de premier plan. Ce premier lecteur du corpus d'archives est invité à replonger dans un temps, le temps des discours inauguraux de la politique culturelle. A l'aune du contexte contemporain, il se questionne sur la distance qui nous sépare de ce temps, sur le destin du souffle de promesses qui habite les acteurs de l'époque et peut-être sur le sentiment d'étrangeté qu'engendre aujourd'hui la lecture de ces archives.*

perspective

Dans la période de déréliction prononcée où nous clapotons, il n'est pas malsain de se reporter un peu plus de vingt ans en arrière, lorsque s'affirmait, non sans volontarisme, une politique culturelle relativement digne de ce nom. C'est à l'aune de l'actualité du démantèlement et du coulage systématiques du secteur public culturel – et nous n'en sommes qu'au début, l'attentat social qui touche les intermittents du spectacle constituant la partie la plus visible du projet en cours – qu'on peut en effet mesurer qu'il demeure malgré tout impensable, en la matière, de tracer le signe égal entre la droite et la gauche. Dès l'élection de François Mitterrand à la présidence de la République, il est clair que Jack Lang entend mettre les bouchées doubles pour faire du ministère de la Culture et de la Communication, dont il a la charge, une machine de guerre contre *« l'ancien régime »,* comme il dit, en même temps qu'un véritable tremplin d'ordre symbolique, dès lors qu'il s'agirait de *« changer la vie »,* ce qui est en 1981 un slogan récurrent. Les nombreuses lettres qu'il adresse à François Mitterrand, au commencement de ce septennat, témoignent toutes d'un désir d'agir vite pour tourner la page, de sorte que se marque très fort la différence entre un hier désuet, frileux, conservateur et un aujourd'hui vif, ardent, novateur. Le 1 % du budget national pour la Culture, jusqu'alors cheval de bataille des communistes, popularisé par Jack Ralite, devient pour Lang la condition *sine qua non* de l'établissement d'un « modèle culturel français ». Le 22 juillet 1981, dans une missive envoyée à l'Élysée, il plaide cette cause avec véhémence. *« Le 1 %,* écrit-il, *aura un effet démultiplicateur. Il s'inscrira,* poursuit-il, *dans l'histoire de la République, au même titre que les congés payés ou les 40 heures en 1936. »* Autre argument décisif : *« A la Culture, l'argent public dépensé rayonne, brille et propage longtemps ses vertus ; que reste-t-il de la présidence Pompidou si ce n'est le Centre Beaubourg dont le rayonnement a fini par faire oublier la construction de la voie express ? »*

Quand, promis par François Mitterrand pour 1983, le 1 % pour la culture semble battu en brèche par des arguties de procédure en forme de pirouette émanant des Finances, Jack Lang, le 7 juin 1982, s'adressant au président de la République, enfonce le clou en ces termes : *« L'année budgétaire est mauvaise ? Raison de plus pour maintenir le cap sur une priorité au demeurant peu coûteuse mais politiquement si rentable ! Comparons l'économie financière qui résulterait du non respect de l'engagement du 1 % et la perte politique qui en découlerait. [...] Une politique de stagnation ruinerait nos efforts et conduirait beaucoup d'intellectuels à rejoindre le chœur de nos ennemis. »* A cette époque, Lang entretient une correspondance assez nourrie avec Antoine Vitez encore à la tête de Chaillot, qu'il fera nommer, en juin 1988, administrateur général de la Comédie-Française. Ils ont les mêmes positions. Le 22 septembre 1982, Vitez n'écrit-il pas au ministre de la Culture : *« Les gouvernements d'avant 1981. Désintérêt, désengagement volontaire de l'État envers les arts. Ce qui a changé est là : l'idée d'une responsabilité de la République. » ?* Il continue ainsi : *« L'influence du théâtre n'est pas proportionnelle au nombre des spectateurs (même dans le meilleur des cas : exemple du TNP de Jean Vilar) mais aux idées qu'il remue. »* C'est alors pour Lang une époque d'activisme intense. Il se trouve en charge de l'appareil idéologique d'Etat censé fournir, non un *« supplément d'âme »* mais une *« réponse culturelle à la crise »*. C'est nettement affiché dans la proposition d'une lettre au directeur général de l'Unesco, soumise à François Mitterrand, qui doit la signer de son nom. Il y est spécifié ceci : *« C'est en réveillant les énergies et en mettant en mouvement les imaginations et les cœurs, que nos sociétés retrouveront un idéal mobilisateur. C'est en scellant l'alliance des peuples et des créateurs que les forces de vie vaincront les difficultés économiques. »* A ce point, tout est dit, ou presque, de l'illusion lyrique qui caractérisa l'entrée en fonction d'un gouvernement socialiste sommé, à toutes fins utiles, d'organiser la rupture avec le *statu quo ante* en déployant les ailes du désir au dessus du champ social.

Si l'on a beau jeu, à présent, de dauber « l'imagination au pouvoir », c'est sans doute d'abord que ce mot d'ordre (de désordre plutôt), issu de Mai 1968, sorte de graffiti, n'a pu que s'ossifier en devenant par captation maître mot gouvernemental, soit l'imagination revenant au seul pouvoir, d'où, de ce dernier, l'exorbitante mainmise confinant à l'hégémonie, suivant l'historique modèle du Roi-Soleil, avec grands travaux pharaoniques (pyramide maçonnique du Louvre et calamiteux Opéra-Bastille avec filets de protection contre les chutes de pierre). Dans l'affaire, à l'évidence, la ferveur qu'on peut estimer sincère de Jack Lang le dispute après coup au sens de l'opportunité politique de François Mitterrand. Rallier l'intelligentsia au nouveau cours, c'est élémentaire et de bonne guerre. L'accroissement des moyens financiers mis à la disposition du théâtre public, la relance envisagée de la commande publique, un nouveau texte de loi sur les droits d'auteurs et les droits voisins, la loi sur l'éducation artistique à l'école, la Sécurité sociale pour les artistes, etc., ont pu constituer sans conteste les prémices d'une politique culturelle hardie. Autre chose se jouera plus tard, dès l'irruption de la « Cinq » de Silvio Berlusconi, qui flétrit en quelques jours tout un programme politique qui avait laissé entrevoir d'autrement réformer le cinéma et la télévision en interrogeant la fabrication de l'image, désormais irrémédiablement souillée par un caractère mercantile d'emprunt.

Au fil du règne, le « réalisme » prendra définitivement le pas sur l'idéalisme initial. Les discours en témoignent, qui ne sont bientôt plus que des catalogues de vœux pieux enkystés dans une rhétorique d'usage. C'est à la faveur de cette vacance du sens qu'on assistera peu à peu au retour rampant du socioculturel, lequel implique toujours la méfiance devant l'acte exigeant de la création proprement dite, au nom d'un impossible partage par tous. Donnons pourtant quitus à Jack Lang qu'il n'a jamais renoncé, jusqu'aujourd'hui, à l'éducation artistique à l'école. Ainsi, c'est avec des sentiments mêlés qu'on peut considérer ces années-là dans le rétroviseur. Impression à la fois d'une respiration plus aisée dans les divers domaines de l'art, en même temps que d'une habile instrumentalisation des artistes et des intellectuels, peu ou prou incités à faire au pouvoir une escorte émue et décorative, ne devant sortir du silence que pour dîner avec le prince ; perpétuation républicaine du pli monarchique indélébile. C'est qu'une fois acquise la pérennité du pouvoir pour deux mandats, il n'y avait plus qu'à gérer au jour le jour l'entrée en grande pompe dans l'Histoire, ainsi qu'en témoigna, par anticipation, la visite au Panthéon une rose à la main. A ce stade, le théâtre de la politique n'implique-t-il pas, plus ou moins rigoureuse, une mise en scène ? On notera que vers la fin, comme dans une fable de La Fontaine, maints artistes ne furent pas reconnaissants outre mesure et commencèrent à ruer dans les brancards quand la maladie de François Mitterrand fut avérée. N'est-ce pas

dans la logique des choses que ceux qui, par vocation, devraient chérir la liberté y renoncent un peu par goût du confort mais veulent la reconquérir, sitôt que le maître donne quelque signe de faiblesse et qu'il faut alors songer à l'avenir ?
L'amour affiché du pouvoir pour les artistes est toujours à double tranchant. Bon an mal an, sans y regarder de trop près, de ces années-là, surtout les premières, on garde le souvenir d'une effervescence. Il est vrai que c'est au regard de l'éteignoir actuel, où l'on voit un ministre de la Culture, tricard devant ceux qu'il devrait avoir à cœur de défendre, ne plus oser sortir le soir pour aller au théâtre ou assister à un spectacle de danse. Les temps changent, c'est leur caractéristique essentielle, cette fois à rebours, suivant les aiguilles d'une montre régressive. Ce n'est donc pas dans l'absolu qu'on peut juger cette période-là qui nous occupe au fil de ce gros ouvrage, mais à la chiche lumière de ce qui semble nous attendre, au sein d'une apathie généralisée où fait volontiers son lit le libéralisme, au moment où, de tous côtés, s'en manifestent les plus virulents symptômes. Le comble n'est-il pas qu'il faudrait presque essuyer une larme de nostalgie à l'évocation de ce passé déjà lointain, qui n'était pas l'âge d'or qu'on voudrait encore nous laisser accroire, mais bel et bien, grosso modo, une phase point trop négligeable dans les questions qui nous occupent.

On pourra sourire devant telle ou telle formule du François Mitterrand de l'époque, inspiré par un Jack Lang qui du moins tentait de se tirer vers le haut, qui du moins ferraillait contre les Finances, toujours prêtes à rogner sur ses prérogatives qu'il défendait si âprement. Evoquant la création d'une cité internationale de la musique, le président de la République la voyait fonctionner vingt-quatre heures sur vingt-quatre et, disait-il, *« comme le feu des vestales, la musique y brûlera jour et nuit »*. Dans ce même discours, devant l'Unesco, il y avait aussi ce plaidoyer *pro domo*, cet autoportrait idéal en somme : *« Plus étroite qu'on ne le pense est la parenté profonde entre l'homme politique et l'homme de culture. Il n'y a pas d'un côté l'homme politique aux mains sales et, de l'autre, l'homme de création aux mains pures. Le sens poétique (en tout cas un sens visionnaire) est à l'œuvre chez le grand responsable politique lorsqu'il parvient à faire basculer l'histoire et à réécrire le monde. »* Tout n'est-il pas dit là de l'obscure jalousie du pouvoir devant l'imagination ?

JEAN-PIERRE LÉONARDINI A NOTAMMENT PUBLIÉ :

PROFILS PERDUS. ANTOINE VITEZ, PARIS, TEMPS ACTUEL / SCANÉDITIONS, 1990.

L'article ici proposé est extrait d'un dossier bilan sur la gauche au pouvoir paru dans Libération. *Le quotidien se veut alors engagé dans les mouvements de transformation de la société. Néanmoins, du fait de son histoire et de celle de son patron, il conserve une attitude de défiance à l'égard de la gauche institutionnelle et particulièrement à l'égard de François Mitterrand. Cet article signé par Jean-Pierre Thibaudat, journaliste, romancier et dramaturge, témoigne manifestement de la sensibilité de* Libération. *Le journal sera dans les années suivantes aux avants postes de la critique « moderniste » de la gauche, parfois assez proche des élaborations théoriques de la nouvelle gauche et de Michel Rocard.*

archive

Jean-Pierre Thibaudat

Parlez-vous le Lang ?

Article publié dans Libération, *5 janvier 1982.*

Le lang comme le nom l'indique n'est pas une langue. C'est un sabir. Il emprunte : des mots par-ci, des styles par-là. Il cite ou pseudo-cite énormément. Il chérit le remake. En fait le lang est un métalangage : les mots du langiste (le pratiquant du sabir lang) servent de faire-valoir à la langue d'en haut : la parole provi-présidentielle. Il la ressasse, la propage, la mime (et se faisant la sépare de son grain). Le lang est à la langue présidentielle ce que le chien est à l'homme : son meilleur ami, fidèle. Il ne lui manque que la parole, la sienne. Le lang est par excellence l'aboyeur du président.

Porte-parole du Verbe suprême, le lang en reprend donc la matière passée à la moulinette du digest. Si le langiste la personnalise un tantinet, c'est pour mieux la vendre. En particulier, auprès des médias dont le langiste est un familier, un amoureux. On l'a compris, le premier langiste de France, Jacques – pardon – Jack Lang, officiellement ministre de la Culture, est en fait l'attaché de presse (et le *public relations)* du président.

Le sabir lang a une vocation pratique : c'est le

langage présidentiel à la portée de tous, l'Assimil élyséen. Le président juché sur son piédestal n'a pas à se pencher pour jeter des cacahuètes. Le langiste de service les épluche, fait la navette, sert l'apéro et avance discrètement l'assiette salée.
Tout langiste en herbe doit savoir que bien parler le lang s'accompagne d'une certaine tenue. On ne dit pas du lang tout nu ou tout guindé. La tenue du langiste comme son parler est un art de l'équilibre, une pratique hybride. Deux exemples clefs de la tenue :
- la cravate. Plutôt que la soie aristocratique, le coton fonctionnel ou l'acrylique de Prisunic, la cravate langiste opte pour la laine de nos moutons. En sus du tissu – la France est un vaste tissu – le nœud précise la tonalité de la maison : ni serré, ni riquiqui, ni lâche, le nœud du langiste est légèrement bombé (le torse aidant) comme fleuri. La cravate lang c'est l'épanouissement sportif du terroir.
- les chaussures. Les baskets sont à éviter, les mocassins aussi. Rien ne vaut les bottines (la souplesse sportive et l'élégance aristocratique), italiennes de préférences (tout ce qui vient des pays latins est bien).
Venons-en aux données essentielles du parler lang.

La règle des coexistences saisissantes

Patchwork de langues, shaker imprévisible, le lang est un créateur de rapprochements inédits, une greffe de remakes. Le plus célèbre des langistes aime à semer les formules soixante-huitardes au petit bonheur : *« Droit au travail, droit à la beauté, même combat ! »* ; à faire cohabiter une métaphore guerrière et un syntagme maoïste : *« Une nation ne saurait remporter la victoire sur les champs de bataille de l'économie et de la politique si la guerre qu'elle mène ne s'éclaire pas de la lumière du bonheur à l'horizon »* ; ou encore, il aime à créer des accords impromptus : *« les utopies mobilisatrices de l'imagination populaires »*...

La pente glissante de la poétique

Le lang fait pour vendre la langue et les landes présidentielles ne peut se contenter d'un vocabulaire strictement informatif. Il doit l'enrober du chocolat d'une image, d'un chatoiement verbal, il doit laisser s'exprimer le poète qui dort en chacun de nous (les Français étant porteurs de créativité, tous sont potentiellement des artistes, dit le langiste).

Lâché dans la nature, il s'égare dans les méandres poétiques qui sont à la poésie ce que les toiles du Tertre sont à la peinture : une laborieuse nullité sous une feinte naïveté. Ainsi, Jack Lang évoquant le musée d'Orsay : « *Nous conduirons le bateau jusqu'à son port et je pense que ça sera un beau navire* » ; dissertant sur le patrimoine à entretenir : *« L'arbre déraciné ne produit plus de bourgeons* » ; définissant le droit au travail comme *« le droit pour chacun d'apporter sa pierre à la maison commune, sans jamais abandonner personne au bord de la route »*. Conscient du danger, le premier langiste de France a su trouver la parade : faire (discrètement) parler les morts (faute de vivants : le PS n'a pas son Aragon).

Trois grandes marques de référence : Malraux, Hugo, Zola. Pseudocités, ils sont mal imités. Hugo-Malraux : *« Ce jour-là* (le 10 mai) *les Français ont franchi la frontière qui sépare la nuit de la lumière »* ; et Malraux-Hugo : le ministre de la Culture parlant à Athènes de *« la construction d'Alexandrie et d'Andalousie nouvelles »* et à Paris d'un patrimoine qui *« doit s'ouvrir au bouillonnement du temps présent, sans peur de n'entendre résonner que les seules voix du silence »*. Quant à Zola, il rejoint la grande chaîne des métaphores terriennes qui, indifférentes, traversent les Républiques.

L'art de la métaphore bien de chez nous

Le lang se ressource toujours dans la France féconde (*« Il faut féconder l'avenir » (sic)* dit Jack Lang) et profonde. Celle de la terre et du labeur : *« J'ai l'apparence du dilettante mais je suis un laborieux »,* clame le premier langiste de France. La métaphore terrienne, traditionnelle ô combien, est de loin la plus fréquente – elle est même pour ainsi dire obligatoire – et tire sa « sève » d'un des maîtres-mots présidentiels : *« le réensemencement ».*

Le langiste est donc un obsédé du terroir : *« Petit à petit le tissu culturel du pays s'irriguera d'un sang neuf et là où la caillasse et la broussaille avaient stérilisé les terres cultivées, la sève de la vie circulera à nouveau. »* dit dans le plus pur lang le ministre de la Culture qui n'a jamais si bien porté son titre.

A l'horizon de ce sabir voici la langue du maréchal que revoilà. Si le lang y peaufine son vocabulaire, c'est que la France du président et celle du maréchal s'accordent dans un même air : l'éloge du clocher. Les régions sont au président ce que les provinces étaient au maréchal. *« Béarnais par la naissance, je suis devenu dauphinois »,* lance Dudebout, député-maire de Grenoble et Jack Lang : *« Si je ne me suis pas rendu à Deauville* (au festival du cinéma américain) *c'est parce que j'étais dans la Creuse. »*

Dans cette même veine : le remake du bon sens (*« Le bon sens, j'en suis sûr, finira par l'emporter. »),* celui des chantiers de la jeunesse (*« Les élus municipaux de 77 ont, à leur tour, labouré de nouvelles terres et ouvert dans leur commune les chantiers de l'avenir. »)* Et l'ode au travail : *« Une France en marche, une France au travail, c'est avant tout une France foisonnante et inventive, une France confiante en elle-même, explorant les gisements encore insoupçonnés de sa puissance d'invention. »* Sans oublier l'increvable tautologie : *« Le gouvernement, c'est le gouvernement », « La culture, c'est la vie-même. »*

La grâce des mots

Tout langiste se reconnaît aux trois mots qu'il a toujours à la bouche : *« décentralisation », « création », « Le président a dit… ».* Tout discours lang doit s'appuyer sur ces trois piliers (les définir ne sert à rien, il suffit de les dire, de les redire). Quelques colonnes viennent consolider le temple :

- le droit. L'usage en est commode : tout le monde peut y grimper. Dans la seule bouche (experte) du ministre de la Culture, j'ai relevé : *« le droit à la vie… ou encore le droit à l'avenir… le droit au travail… le droit au bonheur… le droit à la beauté »* (discours à l'Assemblée nationale) ; *« le droit à la vie, à la respiration… à la tendresse »* (discours au Sénat). Le langiste a tous les droits.
- la latinité. La plus obscure (personne ne sait ce que veut dire le mot latinité) mais très prisée. Le mot de passe : Sud. Synonyme : méditerranéen. Tout ce qui vient du Sud est bon.

Le maître du lang

Celui qui aura fait l'apprentissage du lang pourra accéder à la récompense suprême : se mettre au service de son inspirateur en en propageant la parole. Il pourra prononcer la phrase rituelle *« Le président a dit… »* et le premier langiste de France l'intronisera sous le haut patronage de sa phrase emblème : *« Par chacun de ses actes, le président scelle la réconciliation de l'art et de l'Etat. »* Il évoquera le soleil présidentiel en ayant recours à un dernier langage d'emprunt, la phraséologie maoïste. Il racontera *« la longue marche depuis les stalags allemands jusqu'à la présidence en passant par deux Républiques »*, il opposera le *« printemps »* mitterrandiste à la *« glaciation »* giscardienne. Il confiera combien *« C'est un bonheur pour un ministre de la Culture d'être constamment éclairé par le président de la République »*, *« une garantie pour ne pas faire trop de bêtises »*.

Toutes les citations de ce texte sont rigoureusement authentiques et, sauf exception (mentionnée), sont signées Jack Lang.

Historiens, spécialistes entre autres de la politique culturelle, Vincent Dubois et Philippe Urfalino présentent ici leur analyse de l'épopée culturelle à partir d'une lecture critique des discours réunis dans cette publication. Interrogés tour à tour à partir d'une même trame, ils proposent des interprétations qui souvent se complètent, parfois s'affrontent. Le jeu de l'analyse croisée invite à multiplier les régimes de contextualisation afin d'aborder l'archive de manière heuristique. En outre, les développements suivants enseignent que l'objet « politique culturelle » demeure un objet sinon problématique, tout au moins à problématiser.

Vincent Dubois et Philippe Urfalino

L'Epopée culturelle en sédiments

Contribution de Vincent Dubois : novembre 2003.
Contribution de Philippe Urfalino : octobre 2003.

Culture Publique : Deux décennies plus tard, quel sentiment éprouvez-vous à la lecture des discours de l'année 1981 prononcés par François Mitterrand et Jack Lang ?

Vincent Dubois : J'avais le souvenir qu'il s'agissait de discours très datés, inscrits dans une conjoncture très particulière. Ceci reste vrai. Mais le discours de Mitterrand m'a surpris en ceci qu'il pose des questions qui ont des résonances très contemporaines comme celle de la mondialisation culturelle, même s'il n'emploie pas ce terme, mais qui est centrale dans son propos. La critique de l'extension du capitalisme au secteur de la culture est un propos qu'il pouvait tenir en tant que candidat à la présidence, mais on ne peut pas dire qu'elle fut constituée comme un axe de sa politique.

Le discours de Lang est très lyrique. C'est une banalité de le dire, mais ça reste une étrangeté pour un discours sur le budget. Cependant, cette tonalité appartient peu ou prou à l'ensemble des discours politiques sur la culture qui, depuis la IIIe République, fourmillent de citations lettrées et de références à l'humanisme de ceux qui les tiennent.

En outre, on trouve la fiction selon laquelle les politiques culturelles n'ont pas d'histoire, fiction que Lang essaye d'accréditer parce que ça sert son entreprise de mise en scène de la nouveauté. Toute chose égale par ailleurs, Malraux avait fait de même en 1959 en défendant qu'on ouvrait alors un champ complètement nouveau. Lang ne se réfère ainsi que très peu à ses prédécesseurs, si ce n'est de manière négative, et l'espèce de tonalité vitaliste et moderniste fait qu'à l'évidence l'Histoire n'est pas mobilisée comme ressource de légitimation. Enfin, Lang fait comme nous le savons référence à Mai 1968. Contrairement à ce qui a été souvent dit, Jack Lang ne porte pas les idées de Mai 1968 qui arrivent ainsi au pouvoir. Il faut entendre ces références en pensant à son auditoire et comprendre qu'elles sont mobilisées pour trouver un écho du côté de partenaires qu'il souhaite associer à sa politique. Or la génération de jeunes créateurs à laquelle s'adresse Lang est très largement issue de Mai 1968 et a nourri une hostilité certaine à l'égard des gouvernements de droite. Il s'agit donc là davantage d'un argument *ad hoc* que d'une philosophie préconstituée qui guiderait son action.

Enfin, à travers les notes, j'ai découvert avec quelle insistance Lang défendait la question de l'éducation artistique dès 1981-1982. On ne peut que supposer que l'histoire s'est arrêtée là car le ministère de l'Education nationale ne l'a pas suivi dans ces ambitions. Il faudra attendre qu'il devienne lui-même ministre de l'Education nationale pour que le dossier soit à nouveau rouvert, avec le peu d'effets que l'on sait.

Philippe Urfalino : Ces textes ont à mes yeux beaucoup vieilli. Le discours de François Mitterrand est presque grotesque : sa manière de citer constamment des artistes et d'accumuler noms et citations donne une impression de « bourgeois gentilhomme ». C'est plutôt étonnant pour quelqu'un qui était réellement cultivé. Je ne pense pas

qu'il l'ait écrit : c'est sans doute un discours d'emprunt composé avec un dictionnaire des citations comme le font les membres de cabinets qui écrivent des discours pour leurs hommes politiques. Il me paraît souvent en fort décalage avec le moment de son énonciation : la référence à l'universel français, cette humilité paradoxale de la France prétendant incarner l'universalité, fait penser au XIXe siècle, pourrait se retrouver dans un discours de Malraux, mais elle n'a plus cours depuis la fin des années 1960. Cette référence à l'universalité se trouve d'ailleurs aux antipodes des thématiques développées par Jack Lang à Mexico comme à l'Assemblée nationale. Seul le « bonjour la vie », qui clôture le discours de Mitterrand et qui est aujourd'hui assez risible, paraît en phase avec le lyrisme langien.
Dans le discours prononcé à l'Assemblée nationale, on retrouve les grands thèmes langiens : la volonté du leader, son sens de l'innovation et sa capacité à réveiller l'enthousiasme du peuple. Le discours de Jack Lang à Mexico me paraît toutefois plus cohérent, car je pense qu'il l'a davantage écrit lui-même et qu'il relève d'une pensée qui lui est propre, pensée que l'on pourrait qualifier de différentialiste : la vie est l'affirmation des différences. On y trouve l'exaltation de la vie et de l'initiative, ce nietzschéisme appauvri. C'est une vision où il n'y a pas d'histoire, où il n'y a que l'affirmation de l'identité équivalant à l'affirmation des différences. Le thème le plus important est le volontarisme : il faut bouger, il faut faire quelque chose. C'est pour cette raison que j'avais hésité pour donner un nom à cette pensée entre les expressions « vitalisme culturel » et « mesmérisme culturel » : on met les gens dans un baquet où des flux magnétiques sont censés les transformer.

C.P. : Peut-on considérer ces discours comme fondateurs d'une nouvelle politique culturelle, voire d'un art de gouverner inédit ?
V.D. : A travers ses grandes déclarations, Lang s'invente un rôle qui

n'est pas seulement un rôle de ministre de la Culture : il se pose quasiment comme le centre de la nouvelle politique gouvernementale. Ceci nécessite d'avoir un souffle extrêmement vaste, d'embrasser un nombre de questions absolument incroyable. Son affirmation du « tout est culture » et sa thèse selon laquelle on trouve quarante-quatre ministres de la Culture dans ce gouvernement visent à démontrer que la culture n'est pas seulement un ministère sectoriel, mais un centre de gravité autour duquel tout doit s'articuler. Il fait ainsi écho à la définition mitterrandienne du projet socialiste comme projet culturel, ce qui va être le principe ordonnateur de l'action gouvernementale à partir de la notion « d'élan culturel ».

Au-delà de l'affirmation de la position centrale de Lang, il y a aussi l'affirmation très forte du lien indissoluble existant entre projet politique et projet culturel. C'est quelque chose de vraiment important qui marque une véritable rupture : contrairement au déni politique qui caractérisait la période antérieure, on affirme que la culture est de part en part une question politique. Ceci a contribué au succès politique de Lang mais a aussi joué contre lui par la suite car la politique culturelle a été l'un des points d'attaque privilégiés de la politique générale du gouvernement socialiste : les pamphlets de Finkielkraut, Fumaroli, comme les multiples éditoriaux de la presse de droite sur la déréliction de la culture doivent se comprendre selon moi comme une dénonciation globale de la politique défendue par la majorité issue des élections de 1981.

Au final, je pense que la question n'est pas de savoir si ces discours portent une rupture fondatrice, mais quelles sont les modalités par lesquelles Jack Lang parvient ici à faire croire à la rupture. A cet égard, les références négatives au gouvernement précédent sont essentielles. Il ne faut pas chercher plus de cohérence et de contenu à ce qui n'apparaît que très peu comme un projet politique, car cela supposerait qu'on y trouve un certain nombre de priorités et d'objectifs fermes et exclusifs. Or, on y trouve une absence de choix qui renvoie à deux choses. D'abord à une contrainte structurelle des politiques culturelles, c'est-à-dire que jamais un ministre ne peut dire, *a fortiori* à partir des années 1980, qu'un secteur prime sur un autre. Il y a une espèce d'impossibilité d'une intervention directive et exclusive quant au contenu de la culture que l'on va favoriser. On trouve ici le symptôme de l'intériorisation d'une illégitimité du politique à dire ce qui est beau et ce qui ne l'est pas. Ensuite, le projet ne se définit pas par le contenu mais par quelque chose qui relève de la boulimie : l'objectif est que la vie culturelle se développe et on fait flèche de tout bois. De fait, ceci distingue la politique de Lang, au moins dans ses déclarations, de celle de ses prédécesseurs. Le projet luimême s'identifie dès lors moins dans le contenu qu'à partir d'ambitions telles que faire de la culture un élément central de la politique gouvernementale ou réaliser l'union du pouvoir et des artistes. Ces grandes déclarations suffisent à faire un projet puisque ça vient, si ce n'est remplir un vide, du moins marquer une différence et une volonté gouvernementale aussi imprécise soit-elle. Ce qui veut dire aussi que se manifeste là un usage politique de la culture qui marque le changement de régime : on va véritablement gouverner autrement et quoi de plus parlant que la culture pour marquer sa différence ? L'auditoire constitué par les collègues du gouvernement est extrêmement important à cet égard et rejoint ce que l'on disait tout à l'heure : c'est un discours qui permet de démontrer que le rôle du ministre de la Culture ne se résume en aucun cas à la gestion des beaux-arts et qu'il est complètement intégré à une politique gouvernementale d'ensemble.

Enfin, la grande question qui se pose à l'égard du projet politique est celle de la démocratisation culturelle. Ce vieux socle commun sur lequel au moins depuis Malraux les politiques culturelles se sont constituées est très présent dans ces discours. On peut alors se demander si ce socle rhétorique a fonctionné comme base de l'élaboration effective des politiques. Je ne le pense pas. On n'a jamais sérieusement réfléchi aux moyens permettant effectivement de démocratiser la culture, et on n'a jamais eu une politique qui aurait suivi l'efficacité présumée de ces leviers possibles de démocratisation culturelle. C'est aussi associé à cette espèce de fascination à l'égard des artistes et des créateurs : c'est largement de ce côté-là que la politique culturelle a été orientée en plus d'être une politique d'équipement culturel. Est-ce que pour autant « aide à la création » plus « construction d'équipements » égale « démocratisation culturelle » ? On sait bien que non. Et je pense aussi qu'à l'époque on savait très bien que non.

P.U. : Il n'y a là aucun art de gouverner. Le volontarisme et l'enthousiasme ne font pas un art de gouverner. Par contre, François Mitterrand a un vrai art de gouverner et Jack Lang a au demeurant un vrai art d'être ministre. Mais tout ceci n'a aucun rapport avec les discours.

Par ailleurs, la question de savoir si on a affaire à des discours fondateurs de la politique culturelle est compliquée. A première vue, je répondrais non. Pour justifier cette réponse négative, j'utiliserai un contraste entre André Malraux et Jack Lang. Leurs actions respectives ont deux points communs : tous deux réussissent à conférer à la politique culturelle un enjeu politique important ; et ce sont pour les deux les circonstances et non des motifs de fond qui président à la formation de cet enjeu politique de la culture. Mais cette « politisation » de la culture n'a pas les mêmes capacités à orienter le contenu de la politique culturelle. En 1959, la culture, catégorie étrangère au vocabulaire de de Gaulle qui connaissait « les arts » et « l'Esprit », n'est en aucune manière un enjeu politique dans le contexte de l'arrivée au pouvoir de de Gaulle et de la consolidation de son leadership. Malraux se voit confier un ministère bricolé des « Affaires culturelles » pour des raisons contingentes : on veut l'écarter sans désaveu du ministère de l'Information. Mais André Malraux a l'art de rebondir et définit d'emblée les missions de ce ministère, petit, sans grands enjeux et sans moyens, de telle manière qu'il donne un sens fort à son action tant au niveau international qu'au niveau national. Parler de la culture et de ce que l'Etat peut faire à la société grâce au soutien public des arts permet à Malraux d'esquisser la version « culturelle » de la troisième voie, en phase avec une certaine conception du monde propre à de Gaulle : la vocation culturelle et universelle de la France la distingue de l'universel américain et de la Russie. Les missions et les modalités prêtées à ce nouveau ministère touchent aussi très fortement les débats idéologiques nationaux. Malraux fait une OPA idéologique sur l'éducation populaire lorsqu'il affirme vouloir donner la culture au peuple. De Gaulle, qui est perçu par les intellectuels comme un dictateur, marque ainsi des points en étant associé à ce qui ressemble dans ses attendus à une politique de gauche. Les communistes ne s'y sont trompés qui ont tout de suite attaqué Malraux. Enfin, dans ses discours, si Malraux ne rentre pas dans les détails, il donne néanmoins des axes d'orientation : le principal étant l'idée d'appuyer la démocratisation par le soutien aux artistes, idée ayant pour envers le rejet de l'amateurisme et d'une possible démocratisation culturelle par l'éducation artistique. Ceci dit, dans les premières années du ministère Malraux, ce sont surtout Pierre Moinot et Emile Biasini qui conçoivent dans le détail la politique de la culture, mais à partir d'une philosophie de l'action définie par Malraux.

L'enjeu politique prêté à la culture en 1981 est aussi lié à des circonstances qui n'ont aucun rapport avec la politique culturelle. Ce discours participe d'une bataille idéologique qui a également une dimension internationale et une dimension nationale. Mais je dirais que, contrairement à 1959, tout le positionnement idéologique de

1981 s'est cristallisé avant l'accession au pouvoir. Jack Lang est le dernier à être embarqué dans la bataille idéologique qui se centre, de 1978 à 1981, sur le thème de l'anti-impérialisme américain. C'est une vieille lune mais qui présente alors un nouvel aspect : il s'agit d'un anti-impérialisme culturel. En 1979, Jack Lang est nommé délégué à la Culture de François Mitterrand pour mener une bataille idéologique et pour rapprocher les artistes du candidat socialiste. Tout ceci n'a que très peu à voir avec la politique culturelle qui est, elle, incarnée par les élus locaux du PS, notamment les adjoints à la culture des municipalités devenues socialistes en 1977. L'extravagant enjeu politique que l'on va prêter à la politique culturelle est lié à une bataille idéologique qui a trois axes : 1 - la bataille contre le président sortant qui est traité de vichyste, ce qui permet de jouer avec la tension très forte entre Giscard d'Estaing et les gaullistes (n'oublions pas que la victoire de François Mitterrand est faite aussi de voix RPR ou du moins de mauvais report des voix RPR en faveur de Giscard d'Estaing) ; 2 - la bataille contre Rocard qui, stigmatisé comme l'homme des sondages, est assimilé à Giscard d'Estaing ; 3 - enfin, l'épouvantail culturel américain permettant accessoirement de ne pas aborder le problème du totalitarisme, thème devenu dominant dans la vie intellectuelle (les trois grandes revues du moment, dont deux toutes nouvelles, *Esprit*, *Le Débat*, *Commentaire* ont pour *credo* commun la lutte contre le phénomène totalitaire) et qui sape la légitimité de l'alliance du PS avec le PCF. Il y a un envers à l'enjeu politique prêté à la politique culturelle en 1980, envers qui est assez peu connu et qui n'est pas d'une grande noblesse.

Quant au caractère fondateur des discours de Jack Lang, la chose est beaucoup moins évidente que pour Malraux. Il y a d'abord l'impact du contenu même des discours. Ceux de Jack Lang ne peuvent pas guider : le vitalisme et le volontarisme sont vides. C'est pourquoi l'héritage de Malraux est d'abord idéologique et est toujours en partie prégnant alors qu'il n'est plus pertinent pour la société française, tandis que l'héritage de Lang est d'abord budgétaire. Ceci dit, Lang, à l'inverse de Malraux, est un organisateur, un vrai politique et un homme de dossiers. Ses idées et ses discours ont un faible pouvoir d'orientation mais il a su s'entourer, notamment en 1981, d'hommes de talent qui, chacun au sein des directions d'administration centrale, vont, avec le budget doublé, inventer de nouveaux dispositifs. Au final, l'héritage administratif et législatif de la période Lang est considérable.

C.P : L'ambition de placer l'artiste au centre revient comme un leitmotiv de ces discours. Comment entendre cette promesse ?
V.D. : Traditionnellement c'était le PC qui pouvait se targuer d'une longue histoire de relations avec les artistes. En France, il y a en particulier eu une alliance objective au moins entre une certaine fraction du champ théâtral et une partie du PC. Ce qui n'est pas le cas du PS à l'évidence, jusqu'à l'arrivée de Jack Lang.
Du côté du PC on trouve cette idée d'une alliance des avant-gardes, artistiques et prolétaires, qui sont censées aller de concert. C'est une vision très théorique mais qui a des relais très pratiques : le PC a marché comme une formidable machine de rattrapage culturel des militants issus du milieu populaire qui n'ont jamais pu accéder à la culture et qui vont, parce qu'ils ont quelques responsabilités politiques, rencontrer des créateurs de renommée, ce qui entretient un certain mythe et une certaine fascination qui ont leur importance pour comprendre les relations entre PC et artistes. Ce n'est pas du tout le cas, sociologiquement, du côté du PS : il y a une plus grande proximité sociale entre les artistes et les cadres et militants du PS, qui sont dotés d'un capital culturel initial plus élevé, et donc ne découvrent pas l'art et les artistes à la faveur de l'engagement politique. Ceci amène donc à poser différemment la question du

rapport entre le politique et les artistes. Je pense en tout cas que le discours de Lang à ce sujet se développe un peu dans l'esprit du Front populaire : une espèce de révolution douce est en marche, révolution à laquelle il faut associer toutes les forces vives de la nation. C'est aussi une manière de s'instituer comme l'interlocuteur privilégié des artistes. Alors, si on anticipe un peu, les fameuses interventions du milieu des années 1980 sur le silence des intellectuels éclairent *a contrario* ce qui pouvait être attendu des artistes en 1981 : on reproche aux milieux intellectuels de ne pas assez soutenir le gouvernement dans son action, ce qui veut dire en creux qu'on attendait cela d'eux.
Par ailleurs, l'importance conférée à la place du créateur dans les premières années du septennat de Mitterrand ne peut pas se comprendre sans référence au travail de construction de l'image du président lettré, voire artiste. Il s'agit de montrer que le rôle d'un président est de faire valoir une vision poétique du monde, comme l'exprime Mitterrand à Mexico et ce en rupture par rapport au président technocrate auquel il désirait succéder. L'affirmation de placer l'artiste au centre apparaît ainsi autant comme un point de rupture que comme un point d'aboutissement d'un travail antérieur. En outre, cette proclamation de l'unité du pouvoir et des artistes est d'autant plus efficace qu'elle est mise en scène : les artistes sont effectivement présents ce 17 novembre 1981. Les députés qui sont là ne peuvent pas ne pas voir les personnalités du monde des arts qui viennent accréditer le discours performatif de Lang : l'art et le pouvoir sont unis, parce que les artistes sont présents.
P.U. : Il faut d'abord comprendre cette ambition dans le contexte de la lutte politique. François Mitterrand a une mauvaise image en 1979 et en 1980. Il apparaît comme un homme du passé. A l'inverse, Michel Rocard est alors le candidat qui incarne la gauche moderne, proche de la CFDT, délesté du compromis douteux avec le communisme.

L'entourage de François Mitterrand est donc soucieux de relooker son leader. Y participe le souci de montrer un François Mitterrand proche des artistes qui, dans leur ensemble, se sentaient plus proches du PC. Ce fut le travail de Jack Lang qui fit feu de tout bois pour cela : colloques, discours et dîners avec des artistes.
Ensuite, il faut savoir que la mise au centre de l'artiste heurte une partie de la tradition socialiste. L'éducation populaire a marqué l'histoire de la gauche. Toute une réflexion sur l'articulation entre l'action artistique et l'éducation du peuple a nourri les mouvements d'éducation populaire, d'origines très diverses. Or, le programme de l'éducation populaire reste étranger à l'idée de l'excellence artistique : on peut certes utiliser l'art comme vecteur de la construction d'un tissu social, mais en relâchant l'exigence de la perfection de la performance. A l'inverse, Lang, comme Malraux d'ailleurs, est pro-artiste. Une trace historique de ce parti pris est sa thèse d'Etat en droit sur l'Etat et le théâtre publiée en 1968, comme son engagement dans le festival de Nancy. Il s'y place manifestement en défenseur d'une figure qui est en train d'émerger, celle du créateur, contre celle de l'animateur : il faut laisser les hommes de théâtre s'épanouir dans leur création et arrêter de leur donner la charge écrasante de la démocratisation.

C.P. : Comment expliquer l'essoufflement de l'élan culturel après 1981, la déception à laquelle les promesses inaugurales ont semble-t-il cédé la place ?
V.D. : Pour aborder cette question, il faut à nouveau souligner la contradiction forte dans laquelle n'importe quelle politique culturelle est prise : d'un côté, en tant que politique gouvernementale, la nécessité d'une intervention active, d'un autre côté, ce qui s'est imposé comme le résultat d'une histoire longue, la nécessité de respecter l'autonomie du champ artistique. C'est à mon sens cela qui obère

toute possibilité de directivité dans les orientations de politique culturelle : on ne doit pas administrer la culture et les institutions doivent être au service d'une finalité qui les dépasse. En aucun cas elles doivent être une finalité en elles-mêmes, comme si la politique culturelle pouvait être une sorte d'impulsion et, qu'une fois celle-ci initiée, le processus se perpétue. C'est très naïf car le propre d'une institution est de se reproduire quelle que soit la permanence de sa fonction, mais ça fait sens dans le contexte contemporain des relations entre l'Etat et la culture. Cela rejoint aussi l'idée d'absence de l'Histoire, comme si les institutions pouvaient seulement s'inscrire dans une temporalité très courte et s'effacer derrière des projets. Il y a une antinomie ici entre la notion d'institution et celle d'élan perpétuel qu'on se plaît à afficher lorsqu'on parle de culture.

C'est en ayant cela en tête qu'on peut poser la question de la distance entre les promesses et les actes. Précisément, il y a plusieurs points à partir desquels on peut noter un certain décalage entre l'enflure des discours et la faiblesse des réalisations dès les années 1980. Je pense en particulier à la question de l'ouverture culturelle qui est une marque de fabrique des années Lang : cette proclamation répétée selon laquelle il n'y a plus une seule culture élitaire et qu'il faut favoriser les cultures dites émergentes, minoritaires, etc. Il s'agit d'un chapitre où l'on trouve beaucoup plus de proclamations que de réalisations effectives. Si l'on regarde de façon prosaïque les véritables réalisations, notamment au regard des engagements budgétaires, on se rend compte que la politique gouvernementale est restée largement légitimiste : ce qui absorbe les budgets ce sont les grandes institutions culturelles, en l'occurrence parisiennes, ainsi que la culture savante, la culture sérieuse, même si il y a eu un monsieur rock et même si Lang s'est fait photographier devant des graffs. Donc le travail de légitimation et de réhabilitation de ces pratiques populaires s'est moins réalisé qu'on a bien voulu le dire, même si elles sont mieux considérées aujourd'hui qu'au début des années 1980.

P.U. : Je pense que c'est une crise interne de la politique culturelle qui explique son essoufflement et, *in fine*, sa dissolution. Plus précisément encore, c'est le doute sur la pertinence des enjeux que l'on prête à la politique culturelle qui est ici déterminant : peut-on prêter à la politique culturelle, au sens technique du terme, c'est-à-dire à un ensemble de politiques publiques, des enjeux sociaux aussi importants que ceux qu'on lui a prêtés dans les discours de 1981 ? Sur le plan pratique, beaucoup de choses ont évidemment été faites. Certes on ne trouve pas au final une réelle démocratisation. Mais le problème n'est pas là : la crise porte sur les vertus que l'on a prêtées à la politique culturelle, sur ses enjeux que l'on a prétendu centraux pour notre société.

L'accumulation même des politiques publiques de la culture depuis 1981 met en évidence que les fins paraissent dès la première heure irréalisables. L'orientation affichée de Jack Lang était qu'il ne fallait rien choisir, que l'on devait tout faire. Ce qui n'est pas un axe. Certes, on a tout fait et avec beaucoup de talents. Lang a eu une équipe extraordinaire, il a mis à la direction des hommes d'une trempe remarquable : Abirached, Fleuret, Gattegno, Mollard. Les questions de technique administrative et de mobilisation des individus furent donc particulièrement bien traitées, sans scandale ou bêtise fondamentale, ce qui n'allait pas de soi avec un budget doublé. On a donc effectivement assisté au développement prodigieux de politiques publiques de la culture.

En dépit de tout cela, l'essoufflement ne pouvait pas ne pas advenir : il est lié à l'impossibilité de maintenir une ambition qui est manifestement extravagante. On ne peut pas reprocher aux moyens utilisés de ne pas atteindre les fins irréalisables. On ne peut donc pas parler d'échec. Le problème n'est pas de l'ordre de la méthode mise en place mais des objectifs qui ne pouvaient pas être atteints.

Je ne sais pas s'il y a eu une prise de conscience de ceci au sein du ministère. Mais il y a eu bel et bien une désillusion au sein même de l'administration. C'est aussi l'effet de la décentralisation et de la stagnation du budget. Il faut savoir que la politique culturelle est très peu réglementaire : c'est surtout une politique de financements. Par conséquent, dès que vous n'avez plus d'argent, vous êtes coincés. Mais, encore une fois, je ne parle pas d'échec. Le problème qui est intéressant se résume à cette question : dans quelles conditions prête-t-on à l'action de l'Etat à l'égard des arts et à ce que les arts peuvent faire à la société un enjeu social majeur ? Certaines conditions font qu'à un moment donné on est convaincu de l'ampleur de ces enjeux. Elles se repèrent notamment à l'époque du mouvement idéaliste construit autour de Schiller au XIXe siècle en Allemagne. Malraux l'a en quelque sorte mis en musique pour la première fois à partir d'une administration. C'est aussi ce qu'ont fait les socialistes au tout début grâce à Lang, homme par le biais duquel l'idée est revenue. Ce qui est aujourd'hui remarquable, autour de la question des intermittents notamment, c'est que certains tentent à nouveau de faire croire que ce qui se passe autour de la question culturelle et de l'art est quelque chose de très important pour la société. N'est-ce pas un dernier baroud d'honneur ? Une dernière tentative de gonfler l'enjeu pour s'en sortir.

C.P. : Quelle est la part de cette histoire qui traverse les questions auxquelles aujourd'hui nous sommes confrontés ? Quel est l'héritage qui nous provient de cette épopée culturelle ?

V.D. : Ce qui me frappe dans les toutes dernières années, c'est que Jack Lang devient lui-même un héritage possible et ce de manière presque consensuelle. De 1981 à 1986, des voix discordantes s'élèvent mais, compte tenu de l'enthousiasme médiatique et du rapport de force politico-culturel, elles sont peu nombreuses. Puis, à partir de la

fin des années 1980 jusqu'au milieu des années 1990, se développe une phase ultra critique où l'on remet en cause très fortement les années Lang à partir d'arguments divers tels que l'art officiel, le système de cour, la médiatisation à outrance, l'éclatement de la notion de culture, etc. Par la suite, une longue période de doute et de crise apparaît sur le sens même d'une politique culturelle, période où Jacques Rigaud écrit son rapport *Pour une refondation de la politique culturelle*, dont le titre est tout à fait révélateur. Il y a désormais un regard beaucoup plus bienveillant porté sur la période des années 1980, y compris de la part de gens de droite. On dit donc que Jack Lang fait partie de notre héritage culturel, ce qui était encore impensable il y a cinq ou six ans. On pense que ce qu'il a réalisé n'était pas si mal au vu de ce qui a été fait après notamment.
Toutefois, les nombreuses polémiques autour des politiques culturelles ont semé un trouble assez important et ont empêché que certaines questions se développent et survivent : pendant de longues années, la référence centrale du débat a été *L'Etat culturel* de Marc Fumaroli, ce qui ne peut pas ne pas avoir d'effets. C'est dramatique que cet ouvrage, qui a par ailleurs son intérêt, ait été constitué comme le centre des cadres de pensée du débat, y compris au sein du ministère de la Culture lui-même. Ce n'est sans doute pas le livre le plus indiqué pour réfléchir de manière constructive au renouvellement de la politique culturelle ! En outre, le constat répété de l'échec de la démocratisation est venu scier la branche sur laquelle les politiques culturelles s'étaient constituées. C'est quelque chose me semble-t-il de fondamental : c'était une croyance forte et, même si ça fait bien longtemps qu'elle est remise en cause, ça ne fait qu'une dizaine d'années que ce constat est utilisé pour dire : *« Les politiques culturelles à quoi bon ? »* Car jusque-là on disait : *« La démocratisation culturelle ne marche pas, il faut donc développer encore plus la politique culturelle. »* Le constat est donc le même, mais les conclusions que l'on en tire se sont inversées.

Enfin, la question de la dissolution est indissociable d'une réflexion plus générale sur les transformations de l'Etat et sur le rôle aujourd'hui dévolu au service public en France. Cette sorte d'évidement progressif par le bas, avec l'augmentation du rôle des collectivités locales, et par le haut avec les progrès de l'intégration européenne qui suppléent moins qu'ils ne font obstacle à l'action culturelle de l'Etat, fait que le ministère est un peu vidé de sa substance. On voit en plus avec la crise des intermittents qu'il peut y avoir d'autres sources d'évidement comme l'association Medef / ministère des Affaires sociales. Mais ce n'est pas une fatalité : c'est aussi un programme politique.

P.U. : L'événement a suscité beaucoup d'enthousiasme et d'espoir. La désillusion domine depuis une dizaine d'années. Comme je l'ai soutenu précédemment, si on se concentre sur l'essentiel, la désillusion vient de ce que les années Lang ont montré que le problème de la politique culturelle ne résidait pas dans ses moyens, autrefois jugés insuffisants, mais dans ses fins. Il faut se résoudre à admettre que la philosophie esthétique de Schiller et ses différents avatars, toutes les variantes du thème de la puissance sociale des arts, sont de mauvaises bases pour penser l'action de la puissance publique en direction des arts et de la culture. Il faut se résoudre à admettre des choses simples. L'idée selon laquelle l'Etat peut transformer ou améliorer significativement la société en utilisant le levier des arts est fausse. Les politiques publiques de la culture ne constituent pas une chose si grande qu'elle fortifierait la démocratie, entretiendrait la citoyenneté et lutterait contre les inégalités sociales. L'impact social de l'art est limité et, à tout le moins, très indirect. Pour autant, le bilan de près de quarante années de ministère de la Culture est positif en terme d'équipements et d'institutions artistiques, de développement des professions artistiques. Il n'a pas contré les effets de la stratification sociale sur les pratiques culturelles, mais il a permis la convergence de deux croissances, celle de l'offre artistique professionnelle et d'équipements culturels et celle d'une classe moyenne cultivée. Comment aurait-il pu faire mieux, en matière de lutte contre les inégalités d'accès, que l'Education nationale ?

Pourquoi a-t-on du mal à admettre ces constats ? Parce qu'ils semblent nourrir un argumentaire contre le ministère de la Culture. On craint que le dégonflement de ses fins justifie sa disparition et ruine la justification de l'intervention publique. Pourtant, l'existence d'un tel ministère et de l'action de l'Etat et des collectivités locales a une justification simple mais moins exaltante : c'est la survie et l'existence même d'une vie artistique ayant un minimum d'autonomie aux différents niveaux de la société française. Dans une société où 50 % de la richesse nationale passe par la puissance publique, celle-ci doit assurer les conditions économiques de la vie artistique. C'est ce qui a été fait.

Pour finir, je voudrais évoquer un héritage méconnu sur lequel le mouvement des intermittents nous donne l'occasion de réfléchir. Depuis 1981, l'injection d'argent et un discours très valorisant à l'égard des activités artistiques ont rencontré quelque chose de peu étudié : les aspirations de ceux qui aimeraient vivre de leur passion dans le domaine des arts. Cependant, l'actualité témoigne que cela a pu avoir des aspects négatifs. Il n'y a pas eu à mon avis une réflexion suffisante sur la professionnalisation artistique : les « gisements culturels d'emplois » que l'on a fait miroiter depuis vingt ans ont pu attirer une masse de candidats dans des jeux où les gagnants sont peu nombreux. La question des intermittents se comprend aussi à mes yeux sous cet aspect : l'encouragement à la professionnalisation n'est peut-être pas forcément une bonne chose parce que la société n'est peut-être pas capable de l'absorber. Par son action, l'Etat a pesé sur des personnes ayant une vocation artistique et désirant travailler dans ce domaine. Ce contexte les a aidées à arbitrer dans un sens qui est de joindre leur passion et leur survie économique. La responsabilité publique et collective devant l'activité artistique doit conduire à se demander s'il est bon d'encourager des gens qui ont envie de se lancer dans une aventure qui reste extrêmement risquée. La situation des intermittents résulte en partie de l'absence de ces questionnements. Certes le contrat d'intermittence permet la flexibilité maximale et ce avec une conséquence remarquable : plus l'activité économique augmente, plus le chômage augmente. La croissance de la production finit par poser le problème des externalités. Qui paye réellement les coûts ? Les intermittents par la précarité et les employeurs et les employés des autres secteurs économiques.

VINCENT DUBOIS A NOTAMMENT PUBLIÉ :
LA POLITIQUE CULTURELLE. GENÈSE D'UNE CATÉGORIE D'INTERVENTION PUBLIQUE, PARIS, BELIN, 1999.
PHILIPPE URFALINO A NOTAMMENT PUBLIÉ :
L'INVENTION DE LA POLITIQUE CULTURELLE, PARIS, LA DOCUMENTATION FRANÇAISE, 1996.

«Au titre des grands projets… » / «Lor
«Un seul ministère résiste à l'indispens
«Le projet mis au point… » / «La
«Sans méconnaître l'importance de l'économie… » / «V
«La vraie finalité d'un

2. Imagination au pouvoir, pouvoirs imaginaire

que le Président américain se déplace… » /
le… » / « Un siècle après Jules Ferry… » /
plupart des sculpteurs contemporains… » /
re remarquable intervention politique… » /
ministère est de dépérir et de disparaître »

Traversées / Distances / Passerelle

/ Périphérique / De la fracture à la rupture

topologie

Notes au président

Balayant les trois premières années du gouvernement socialiste, les quelques notes suivantes évoquent le foisonnement des sujets de discussion entre le ministre de la Culture et le président de la République. Manifestement, le nombre de missives ne tarit pas et Jack Lang ne cesse d'interpeller François Mitterrand qui, parfois, griffe le document d'un commentaire laconique. Au fil des années cependant, les difficultés se font de plus en plus vives, les critiques plus âpres, et quelques désillusions affleurent çà et là. A travers ce florilège, force est de constater que bien des préoccupations de la première heure demeurent. En outre, force est d'y voir que la politique culturelle ne saurait se penser indépendamment du jeu politique et institutionnel.

archive

Ministère de la Culture

3, rue de Valois, 75042 Paris Cedex 01, Téléph. : 296-10-40

Le Ministre

27 juillet 1981

J. Lang
Bonne idée
mais difficile
(par définition
comme toutes
les bonnes idées)
FM

NOTE AU PRESIDENT DE LA REPUBLIQUE

OBJET : Le Grand Louvre.

Au titre des "grands projets" dont nous pouvons rêver pour Paris, il y aurait une idée forte à mettre en chantier ; récréer le Grand Louvre en affectant le bâtiment tout entier aux Musées.

En retrouvant son unité première, le Louvre deviendrait le plus grand musée du monde. De l'Arc de Triomphe à la Place des Vosges, une vaste promenade urbaine pourrait être aménagée : débarrassée enfin des centaines de voitures de fonctionnaires qui enlaidissent les abords du Louvre et les cours des Hôtels du Marais !

Le Ministère des Finances, en vérité mal logé (à l'exception du Ministre), devrait déménager ! Dans le passé, divers projets de transfert ont été proposés : l'un à la Défense, l'autre quai Branly, aux lieux et places des bâtiments provisoires qui ont été édifiés après la guerre. Il y aurait là au bord de la Seine un geste architectural à accomplir à quelques pas des Invalides et du Grand Palais.

Seul un acte de souveraineté peut donner corps au dessein ambitieux du Grand Louvre.

Jack LANG

P.S. : Les adversaires du Musée d'Orsay - qui redoutent que les tressaillements du métro ne portent atteinte aux oeuvres de peinture - avaient eux-mêmes proposé que le Ministère des Finances s'installe à Orsay et que les peintures soient exposées dans l'aile Nord du Louvre !!

Ministère de la Culture
3, rue de Valois, 75042 Paris Cedex 01 - Téléphone : 296-10-40

Le Ministre

10 septembre 1981

NOTE A L'ATTENTION DU PRESIDENT DE LA REPUBLIQUE

OBJET : Expansion de la culture française et voyages du Président de la République.

Lorsque le Président américain se déplace, il emporte dans "ses bagages" livres, et films américains. Des collaborateurs du Président sont chargés de profiter de ces déplacements pour faciliter la pénétration des produits culturels américains.

Avec plus de délicatesse, nous pourrions nous aussi agir ainsi.

De même je suggère que systématiqement des créateurs français (et selon les pays visités, écrivains, cinéastes, peintres...) figurent dans votre suite lors de vos déplacements à l'étranger. Ils seraient à vos côtés les ambassadeurs vivants de la culture française. Pourquoi ne pas tenter une expérience lors de votre voyage à Mexico ?

Jack LANG

Ministère de la Culture

3, rue de Valois, 75042 Paris Cedex 01, Téléph. : 296-10-40

Le Ministre 14 décembre 1981

NOTE A MONSIEUR LE PRESIDENT DE LA REPUBLIQUE

OBJET : Loi sur l'Education Artistique.

Un seul Ministère résiste à l'indispensable coopération interministérielle en matière d'art et de culture: l'Education Nationale

Le mammouth est momifié par la glaciation administrative !

C'est à l'école que se sèment ou ne se sèment pas les bonnes idées et que s'éduquent le goût et la sensibilité.

La loi sur l'éducation artistique - que vous aviez évoquée au cours de la campagne présidentielle - est une nécessité absolue. Une lettre de vous au Ministre de l'Education Nationale et au Ministre de la Culture serait une invitation à agir. Je me permets de vous joindre sous ce pli un projet.

Jack LANG

PROJET DE LETTRE

à M. le Ministre de l'Education Nationale

à M. le Ministre de la Culture

Monsieur le Ministre,

Un siècle après Jules Ferry, des millions d'enfants sont encore privés du droit effectif à l'apprentissage d'un art. Pour mettre fin à cette anomalie et afin de jeter les bases d'une renaissance artistique et culturelle, j'ai annoncé au cours de la campagne présidentielle la mise en chantier d'une grande loi sur l'éducation artistique.

C'est pourquoi je souhaite que le Ministre de l'Education Nationale et le Ministre de la Culture élaborent dans les délais les plus rapides un projet de texte. Je vous serais très reconnaissant de bien vouloir prendre les dispositions nécessaires à sa rédaction.

François MITTERRAND

Ministère de la Culture

3, rue de Valois, 75042 Paris Cedex 01 - Téléphone : 296-10-40

Le Ministre

15 mars 1982

NOTE A MONSIEUR LE PRESIDENT DE LA REPUBLIQUE

Objet : les conséquences désastreuses pour la culture de la 2e loi de décentralisation

Le projet mis au point par le Ministère de l'Intérieur et l'Hôtel Matignon deshabille le Ministère de la Culture : 18 de nos crédits seraient automatiquement transférés vers les collectivités locales.

1) C'est injuste. Pou.quoi "taxer" aussi lourdement le Ministè de la Culture et imposer faiblement les autres Ministères ? Déjà nous fûmes les seuls à payer en 1982 notre "dîme" à la 1ère loi de décentralisation : 500 millions (la moitié du Musée d'Orsay !) automatiquement transférés l'année dernièr aux régions.

2) C'est absurde. Sans impulsion nationale, pas de changement culturel. Tous les artistes le souhaitent et d'abord les plu "indépendantistes". Les militants occitans m'ont dit avant hier à Montpellier : "C'est une reconnaissance nationale qu nous réclamons, et non simplement une aide locale".

3) C'est un obstacle à nos grands projets d'équipement. Transférer 1 milliard aux régions ne nous mettra pas à l'abr des demandes des provinces. Notre budget national sera alor insuffisant pour satisfaire à la fois les collectivités loca les et les besoins financiers nationaux.

4) C'est une vision contraire à la vraie décentralisation. La vraie décentralisation suppose que les moyens globaux des collectivités locales soient accrus sans qu'on impose à l'avance tel ou tel type de dépense.

5) C'est un projet qui provoquera une levée de bouclier. S'il est maintenu, ce sera une révolte de tous les artistes à travers la France entière. Déjà j'avais endigué les protestations lors du transfert des 500 millions en 1982. Je n'y parviendrai pas cette fois ci. Les hommes de culture françai veulent d'abord une politique nationale et se méfient des él locaux.

Ils ont confiance en vous.

Jack LANG

Le document est reproduit tel qu'il figure aux archives. Quelques lettres sont manquantes.

Ministère de la Culture

3, rue de Valois, 75042 Paris Cedex 01 - Téléphone : 296-10-40

Le Ministre

31 août 1982

Oui
mais vite !
FM

NOTE A MONSIEUR LE PRESIDENT DE LA REPUBLIQUE

Objet : Sculpture et "grands hommes".

La plupart des sculpteurs contemporains les plus inventifs se sont orientés vers les formes abstraites ou symboliques.

L'appel aux seuls sculpteurs figuratifs pour la réalisation des statues des "grands hommes" risque de les mettre à l'écart et de susciter des réactions critiques.

C'est une des raisons pour lesquelles je suggère que cette opération soit menée sur deux fronts :

- d'une part, ainsi que Paul GUIMARD vous l'a proposé, une trentaine d'oeuvres confiées à des sculpteurs de type figuratif pourraient être implantées sur le parvis des Invalides;

- d'autre part, il serait fait appel à des artistes d'inspiration plus abstraite pour concevoir des sculptures dans d'autres lieux, par exemple sur les 64 socles vides de Paris (en accord avec la Ville) et, bien entendu, dans d'autres villes de France.

Si vous étiez d'accord sur cette orientation générale, il conviendrait alors d'arrêter au plus vite les trente noms des personnalités, la liste des sculpteurs proposés et le nom de l'architecte paysagiste chargé d'assurer l'implantation d'ensemble aux Invalides.

Jack LANG

Jules Vallès

Louise Michel

Jean Vilar -Gérard Philipe

Erik Satie

André Breton

Henri Matisse

Emile Zola

Arthur Rimbaud

Gérard de Nerval

Rainer Maria Rilke

Paul Nizan

Flora Tristan

Jules Guesde

Antonin Artaud

Jean-Paul Sartre

Jean Jaurès

Pablo Picasso

Georges Braque

Raymond Queneau

Lautréamont

James Joyce

Jean Piaget

Pierre et Marie Curie

Charles de Gaulle

Robert Schuman

Jean Monet

Emmanuel Mounier

Marc Sangnier

Paul Valéry

André Malraux

Albert Camus

Saint-John Perse

Georges Brassens

Georges Bernanos

Jacques Copeau

Roland Barthes

Léon Blum

Edouard Herriot

Jean Moulin

Claude Debussy

Maurice Ravel

Le Corbusier

Jean Renoir

Abel Gance

Ministère de la Culture

3, rue de Valois, 75042 Paris Cedex 01 - Téléphone : 296-10-40

Le Ministre

14 Mars 1983

NOTE A MONSIEUR LE PRESIDENT DE LA REPUBLIQUE

Sans méconnaître l'importance de l'économie (elle est déterminante), je me permets d'attirer votre attention sur l'urgence de certaines réformes culturelles profondes (pour lesquelles rien n'a été encore sérieusement entrepris) : la politique des programmes audiovisuels ; l'éducation artistique des enfants ; les loisirs des jeunes ; la commande publique (souvent médiocre) ; l'architecture et le mobilier urbain... Les méthodes interministérielles classiques ont ici échoué.

Pour faire avancer d'un même pas alerte l'ensemble des administrations et donner une nouvelle impulsion au développement culturel, il serait souhaitable que sous votre présidence, soit constitué un Conseil spécial réunissant les Ministres compétents. Ce Conseil se réunirait au même rythme que le Conseil consacré aux questions économiques.

Les réformes éducatives et culturelles sont toujours lentes à porter leurs fruits. C'est une raison supplémentaire pour ne plus perdre une seconde. La nouvelle phase qui s'ouvre ne devrait pas être marquée seulement par l'économie. La bataille culturelle mérite autant d'efforts que la bataille économique. Deux priorités devraient s'ajouter aux priorités financières : "prendre le pouvoir" ; "changer la vie". Une seule solution : placer à tous les niveaux de la Société des hommes de talent décidés à assurer la prééminence et le rayonnement de votre pensée.

Telle est d'ailleurs votre conviction. Plus que jamais, votre pensée profonde conserve son actualité. C'est par la Culture au sens le plus large que nous redonnerons à chacun (et notamment aux plus jeunes) un idéal de vie et que nous façonnerons les prochaines années. Beaucoup reste à faire. Et tant d'idées neuves attendent de devenir réalité.

Jack LANG

Ministère de la Culture

3, rue de Valois, 75042 Paris Cedex 01 - Téléphone : 296-10-40

Le Ministre

Paris, le 14 Juillet 1984

NOTE A MONSIEUR LE PRESIDENT DE LA REPUBLIQUE

Votre remarquable intervention politique de jeudi soir ouvre de nouveaux chemins :

Si nous voulons reconquérir l'opinion, les succès économiques seront à coup sûr déterminants.

Ils ne suffiront pas.

Il faudra aussi recréer l'enthousiasme et rassembler les imaginations. Le seul discours de la rigueur -pour nécessaire qu'il soit- n'est pas en lui-même mobilisateur.

Le moment n'est-il pas venu de mettre au point un vaste et puissant projet de changement de la qualité de la vie, qui, dans la hiérarchie des préoccupations gouvernementales, occuperait la même place que l'économie ? L'âme de la Gauche, c'est aussi cela. Et c'est à portée de la main. Si on le veut, on peut donner corps, et très vite, aux beaux mots "changer la vie", et faire souffler un vent de jeunesse et de générosité sur l'ensemble des institutions : l'école, les télévisions et les radios, la vie collective, l'urbanisme,...

J'en fais l'expérience chaque jour dans mon petit Ministère : les gens sont heureux que les pouvoirs publics sollicitent leur esprit d'invention et utilisent les trésors de dévouement qui sont en eux.

Ils aimenront un Gouvernement qui leur donnera le goût du rêve, le sens du risque et l'appétit de l'action.

Ouvrons à travers le Pays les chantiers de l'imagination et opposons aux brailleurs de la Droite la force de réalisation d'un Gouvernement qui choisit de mettre partout l'invention au pouvoir.

Cette perspective, qui est d'abord la vôtre, peut devenir rapidement une réalité.

Pourquoi ne pas constituer auprès de vous un petit groupe de réflexion composé d'hommes d'imagination, qui aurait pour mission de vous soumettre, au cours des prochaines semaines, une série de propositions concrètes et neuves.

Jack Lang

Avec l'arrivée de la gauche au pouvoir, d'aucuns crient à la soviétisation de la société française, notamment dans les colonnes du Quotidien de Paris *où Dominique Jamet est éditorialiste. Dans l'entretien dont un large extrait est ici publié, le ministre de la Culture s'emploie notamment à calmer ces peurs. Premier entretien accordé par Jack Lang après la victoire du 10 mai 1981, ce texte donne le diapason pour l'action culturelle à venir et s'entend comme le discours d'un acteur convaincu de la mission qui est la sienne, de son urgence comme de sa portée.*

archive

Jack Lang / Dominique Jamet

« La vraie finalité d'un ministère c'est de dépérir et disparaître... »

Entretien publié dans Le Quotidien de Paris, *1er juin 1981.*

Dominique Jamet: Pouvez-vous dès à présent définir les grands axes de votre politique culturelle?

Jack Lang: [...] Nous allons entrer dans une période tout à fait originale. Les solutions ne peuvent plus être imaginées seulement à partir des structures existantes. Ce n'est pas seulement sur le plan quantitatif – plus d'argent pour les musées, plus d'argent pour le théâtre – que va porter l'effort. Deux données fondamentales vont être modifiées: tout d'abord la loi sur la décentralisation que prépare Gaston Deferre marquera la volonté de redistribuer radicalement le pouvoir administratif et financier. Les conseils régionaux élus au suffrage universel disposeront de ressources fiscales propres et donc de vrais pouvoirs. D'où des transferts et des changements de mentalité. L'Etat ne sera plus le bienfaiteur et le gestionnaire tout-puissant. Le changement sera psychologique tout autant que financier.

D'autre part, une nouvelle loi sur l'audiovisuel organisera une décentralisation dans ce domaine aussi. Les radios et les télévisions décentralisées deviendront un facteur essentiel de la vie locale qui donneront leur place aux cultures et aux expressions régionales.

D.J. : Est-ce à dire que l'Etat renoncera progressivement à son rôle tutélaire et incitatif dans le domaine de la culture, et qu'il se bornera à y gérer les grandes institutions dont il a la charge, opéras, théâtres subventionnés, musées ?
J.L. : Je serais tenté de vous répondre que la vraie finalité d'un ministère, et aussi bien d'une administration culturelle, c'est de dépérir et disparaître. Ce que je souhaite, c'est que soient aménagées des règles telles que l'Etat n'ait plus à intervenir directement pour tout gouverner, tout régenter [...].
Il s'agit de restaurer l'esprit d'initiative aboli par l'étroitesse du marché et le rapport entre les coûts de fabrication et les entrées ou les achats. Mais l'Etat n'a pas à prendre automatiquement en compte tous les déficits, à colmater toutes les brèches. En revanche, il a un rôle de compensation, de régulation, des devoirs par héritage, mais son intervention ne devrait viser qu'à créer des règles donnant libre cours à l'esprit d'entreprise, à laisser jouer.

D.J. : En attendant le dépérissement de votre ministère et de l'Etat tout entier, pourriez-vous définir plus précisément votre rôle ?
J.L. : Je le définirais comme une magistrature d'influence. Au-delà des tâches administratives qui le concernent, le ministère doit faire passer un certain souffle sur l'ensemble du territoire [...]. L'influence du ministère de la Culture a toujours débordé ses responsabilités administratives, mais elle sera d'autant plus grande que l'ensemble du gouvernement propose une autre éthique. Ma tâche sera facilitée par le fait que le président de la République est un homme de culture, déterminé à doter la France d'une grande politique de la culture. Pierre Mauroy aussi sera un allié. N'a-t-il pas mis le Nord en tête de toutes

les régions pour le pourcentage consacré à la Culture, transformé le paysage culturel de la région, avec l'Opéra du Nord, l'Orchestre philharmonique, le festival de Lille, les centres dramatiques ? Le ministre de la Culture ne sera plus seul dans son combat. Il aura des amis partout. Cela créera une autre atmosphère, qui donnera l'appétit de vivre, d'aimer, de connaître. Cet élan devrait persister [...].

D.J. : Tandis que Pierre Mauroy dresse l'état des lieux, pourriez-vous établir un bilan de la santé de la culture ?

J.L. : Je peux dire en tout cas que sept ans de plus et le désastre était consommé, la privatisation des chaînes TV accomplie, l'activité artistique abandonnée aux lois du marché. Les traces auraient pu être profondes. Heureusement, la vitalité du pays restait assez forte pour résister aux assauts du système. Contrairement à la morosité ambiante, je pense que la France reste riche en talents et en créateurs. Il y a volonté d'échange, de communication. Les fêtes qui ont jailli spontanément prouvent que ce pays n'a pas vieilli. Il suffisait de donner le coup de pouce d'un projet libérateur, d'un vent de liberté. On sent une certaine volonté communautaire, je ne dis pas collectiviste, d'aller de l'avant sans laquelle il n'y aurait pas de renaissance artistique possible.

Avant, c'était l'impasse, l'espoir bouché, la route de la vie coupée [...]. Il y a en ce moment une épopée qui s'écrit, qui se raconte, comme dans les paraboles. Il y a une influence qui résume et incarne une vie. Croire à la vie, au temps, à la pugnacité ; se méfier des modes, tenir bon dans les tempêtes, cette morale a force d'entraînement. La société de Valéry Giscard d'Estaing était celle de la glaciation. Voici celle du printemps, de la chaleur, des retrouvailles.

Jack Lang
Traversées

Contribution : décembre 2003.

Premier ministre socialiste de la Culture, Jack Lang est aujourd'hui l'un des animateurs du PS Place des Vosges, dans son bureau, il est invité à restituer ses souvenirs, à faire part de ses impressions qui demeurent aussi vives qu'en ces temps où il formulait les promesses d'une politique culturelle sans précédent. Désormais, l'expérience est passée, mais Jack Lang en demeure le témoin engagé. L'entretien se présente dès lors comme un instantané, un paysage de souvenirs qui peut-être offre quelques-uns des contours de demain.

Culture Publique : Lors de votre intervention de 1981, sur un ton très posé qui tranche avec le lyrisme du propos lui-même, vous vous adressez notamment aux représentants du monde culturel présents dans l'enceinte de l'Assemblée nationale. Doit-on comprendre leur présence comme une volonté de les solliciter en tant que partenaires de la politique que vous appelez de vos vœux, faisant ainsi écho à la déclaration de François Mitterrand : « *Si demain nous gouvernons la France, les hommes de culture seront avec nous les artisans du changement.* » ?

Jack Lang : Dans les années précédentes, la coupure était patente entre la République et les créateurs. Leurs relations se réduisaient bien souvent à de l'indifférence, quand elles ne basculaient pas dans l'hostilité. Je défendais pour ma part une autre conception des rapports entre l'art et l'Etat. Dès les premières années de son septennat, François Mitterrand a rencontré et consulté de nombreux artistes et écrivains, souvent à ma demande mais aussi de son propre chef. Une certaine symbiose s'est alors installée entre les artistes et le nouveau pouvoir. Durant l'été 1981, le ministère ressemblait à une véritable ruche : ça bouillonnait d'idées et de propositions de toutes sortes. Cette effervescence nous a énormément enrichis et ne fut pas sans conséquences sur la définition même de notre politique. Dans chaque domaine de la création où il nous fallait à la fois établir une radiographie et imaginer des solutions nouvelles, j'ai eu à cœur d'associer très largement les créateurs et les hommes de culture. Chacun conservait toutefois sa liberté : eux leur liberté de proposition, nous notre liberté de décision. La présence de ces artistes le 17 novembre 1981 ne relevait donc pas de la figuration, du décorum ou de l'ornementation. Certains journalistes ont pu se moquer de cette présence en n'y voyant que de « la frime ». Or, depuis des années déjà, nous avions travaillé voire milité ensemble.

C.P. : L'histoire des relations entre le monde de la culture et la gauche ne débute pas en 1981. Alors, en quoi votre vision du partenariat avec les artistes se trouve-t-elle en filiation ou en rupture par rapport à cette longue histoire de la pensée de gauche qui est autant celle de la SFIO que celle du PC ?

J.L. : Ce que je défends résulte effectivement d'une longue histoire. Toutefois, la SFIO n'entretenait aucune relation avec les artistes, les intellectuels et les créateurs. Evoquant ce vide, François Mitterrand a rapporté un jour : « *Quand je suis arrivé cité Malesherbes, il n'y avait pas un document, pas un texte.* » Guy Mollet incarnait en effet une certaine tradition de méfiance de la SFIO à l'égard des artistes et des intellectuels soupçonnés d'être subversifs, certains ayant notamment milité contre la guerre d'Algérie. Il faut remonter bien avant pour trouver des personnalités telles que Léon Blum ou Jean Jaurès qui étaient des intellectuels d'un immense raffinement dialoguant sans relâche avec le monde des arts. Dans les années récentes, c'était effectivement avec le parti communiste que les artistes avaient établi le dialogue. Personnellement, n'ayant adhéré au PS qu'en 1977, j'étais pour cette raison plutôt attiré par le PC où j'avais d'ailleurs beaucoup d'amis tels que Jack Ralite.

C.P. : L'histoire culturelle du parti socialiste n'est tout de même pas vierge et, durant les années qui précèdent votre discours, elle se construit notamment autour de l'éducation populaire et du militantisme socioculturel. Il est frappant de noter que jamais vous n'utilisez un vocabulaire faisant référence à cette histoire proche, alors même que d'une certaine manière Pierre Mauroy en est l'héritier.
J.L. : C'est vrai, mais il faut se souvenir que la Direction du développement culturel est un élément central de la politique que nous mettons en place en 1981 : elle a été au fond la direction de l'innovation et de l'irrigation culturelle à travers l'ensemble des territoires. Je n'étais donc pas indifférent à l'histoire que vous évoquez mais je la poursuivais dans d'autres termes. En outre, Pierre Mauroy était certes l'héritier de Léo Lagrange mais, en tant que président de l'Assemblée régionale du Nord-Pas-de-Calais, il avait soutenu l'Orchestre de Lille, le festival de musique contemporaine de Lille conçu par Maurice Fleuret ou encore nommé Gildas Bourdet à la direction du Centre dramatique de Lille. Par conséquent, il s'affirmait aussi comme un véritable pionnier de la politique de la création.

C.P. : D'où vous vient donc cette ferveur à l'égard des forces de création qui semble habiter les desseins qui sont alors les vôtres ?
J.L. : J'étais imprégné, comme toute ma génération, par de nombreuses expériences contemporaines que j'avais de près ou de loin traversées. Je pense au Berliner Ensemble, qui était un peu La Mecque du théâtre, mais aussi au Piccolo Teatro, à Paolo Grassi et Giorgio Strehler, à la revue *Théâtre populaire*, à Bernard Dort et Roland Barthes. En outre, j'avais été marqué par ce que j'avais appris

des premières années du régime soviétique : j'avais lu dans le passé des textes de Lounatcharsky, le premier ministre de la Culture des Soviets, et m'étais intéressé à toutes les expériences initiées alors, avec Eisenstein notamment. Tout ceci n'est pas absent de ma tête lorsque j'écris ce discours du 17 novembre 1981 dans lequel je crois m'être engagé tout entier. Je pensais également aux grandes époques de libération sociale qui ont été marquées par une certaine forme de libération culturelle : à la révolution soviétique, mais aussi au Front populaire, à la Libération comme à l'ébullition intellectuelle et culturelle des années 1970 à laquelle j'avais pris part en tant qu'acteur. Cette allocution prononcée à l'Assemblée nationale n'est donc pas seulement un discours de circonstance : mes convictions ne sont pas nées en 1981 ! Mes paroles d'alors sont le fruit d'années de réflexion, de voyages en Europe ainsi qu'en Amérique latine, de combats qui, depuis des années, m'avaient enrichi et transformé. Je me trouvais par conséquent comme en position de réaliser un rêve : non pas le rêve d'être au pouvoir mais le rêve de pouvoir accomplir grâce à ma nouvelle fonction des utopies à l'horizon desquelles les uns et les autres nous combattions depuis des années.

C.P. : A la lumière de l'histoire politique de la fin des années 1970, la présence des artistes ce 17 novembre 1981 n'est-elle pas aussi liée à la stratégie politique de François Mitterrand visant à réduire l'influence du parti communiste ? En ce sens, votre rôle ne consiste-t-il pas aussi à attirer dans le giron socialiste un certain nombre d'artistes et d'intellectuels qui sont alors plutôt des compagnons de route du PC ?

J.L. : François Mitterrand ne m'a jamais expressément demandé de venir avec lui pour « draguer les artistes ». D'aucuns ont coutume de le dépeindre comme un personnage machiavélique voire cynique, ce qui est absolument faux : même en privé, il ne s'abandonnait jamais à quelque sorte de vulgarité de pensée que ce soit. La raison pour laquelle il souhaitait que je le rejoigne résidait avant toute chose dans sa volonté déterminée de construire une véritable politique des arts. Il est vrai que, corrélativement, c'était aussi pour lui la possibilité d'associer des artistes et des intellectuels à son combat politique. Mais il ne m'a pas attendu pour fréquenter beaucoup d'écrivains. Lui non plus n'est pas né à la culture en 1981 ! Il rendait fréquemment visite à Albert Cohen. Il était très lié à Françoise Sagan, Marguerite Duras, Edmonde Charles-Roux, Pascal Jardin, comme à de nombreux autres intellectuels et artistes. Il éprouvait en outre une immense admiration pour Gabriel Garcia Marquez, pour Yasar Kemal ou encore pour Michel Tournier. Certes, il apparaissait surtout comme un littéraire, mais se passionnait aussi pour l'architecture et le cinéma.

C.P. : Comment le rencontrez-vous ?
J.L. : J'avais depuis longtemps beaucoup d'admiration et d'affection pour lui et j'ai beaucoup insisté pour qu'il nous rende visite au festival de Nancy. Il est venu à deux reprises. Une première fois en 1975, où il a découvert une forme de théâtre qui lui était étrangère. Mais il a tout de suite été très attiré par ceci, comme il a toujours été attiré par l'inédit, le singulier. Il a confusément ressenti l'effervescence intellectuelle et humaine qui y régnait. Il est revenu en 1977. Parallèlement au festival, j'avais organisé cette année-là une réunion d'artistes et d'intellectuels latino-américains et européens en soutien à tous les amis chiliens, argentins, brésiliens et autres qui se trouvaient soumis à la dictature. Lors de sa visite, Mitterrand a pris la parole, notamment devant madame Allende, et ce fut là un événement extrêmement important.

C.P. : Et, à l'horizon de 1981, il vous invite donc à rejoindre le PS en 1979 ?

J.L. : Ce n'est pas tout à fait exact. L'échec aux élections législatives de 1978 est décisif : il subit alors une campagne de presse où il est présenté comme un archaïque préposé à la défaite éternelle de la gauche. S'est engagée à ce moment une lutte interne entre mitterrandistes et rocardiens, rivalité d'appareil certes, mais aussi et surtout idéologique. C'était une lutte au couteau parce que déterminante pour la suite, pour le contrôle du PS et pour le choix du candidat aux présidentielles. Dans cette période où Mitterrand était rejeté par beaucoup, notamment par les journaux de gauche majoritairement rocardiens, il a eu le désir de renouveler les équipes autour de lui. C'est dans ce contexte que je me suis engagé à ses côtés en tant que conseiller spécial pour la culture et la recherche. Il m'a en outre nommé directeur de campagne pour les premières élections européennes au suffrage universel. Ma présence auprès de lui contribuait sans doute à contrecarrer une certaine image qui lui était prêtée mais il voulait surtout aller de l'avant et notamment imaginer une voie distincte de l'option un peu trop socioculturelle qui avait prévalu jusqu'alors. C'est à cette mission que je me suis attelé.

C.P. : Bien que nourri par votre histoire politique et intellectuelle, votre discours de novembre 1981 à l'Assemblée nationale promet une histoire à venir et s'apparente ainsi à un programme de politique générale. Dans cette perspective, vous définissez la culture comme un axe central de la politique gouvernementale. Peut-on interpréter votre difficulté à gagner la bataille du budget qui vous est si chère comme le symptôme d'une acceptation très relative par le gouvernement de la centralité que vous revendiquez pour vous et votre ministère ?

J.L. : Je ne cherchais pas à être au centre mais, d'abord, à accomplir pleinement la tâche qui m'avait été confiée. Je ne voulais me substituer à personne et notamment pas au chef du gouvernement. En outre, tout au long des années précédentes nous avions défendu que le projet socialiste était fondamentalement un projet culturel. Dans mon discours, je ne faisais alors que reprendre la vision commune de Mauroy, de Mitterrand, de nous tous. Je l'exprimais certes avec conviction, avec un peu de culot, notamment en affirmant que la culture doit imprégner toute la société et par conséquent toutes les administrations. Mais je le défends toujours, comme d'ailleurs la quasi-totalité de ce qui est présent dans ce discours. En ce qui concerne la bataille du budget, les difficultés que j'ai rencontrées sont propres au fonctionnement de l'administration. Dans une équipe gouvernementale, chacun joue une partition et on peut comprendre que le souci du ministre de l'Economie et des Finances soit de boucler ses comptes. Je crois néanmoins que nous partagions tous la même conviction, de Laurent Fabius à Jacques Delors, en passant par Pierre Mauroy, ce qui est exceptionnel. Ceci dit, je me suis bagarré parce que c'est dans mon tempérament, et j'ai tout de même relativement aisément obtenu gain de cause. Je souhaite à tous les ministres de la Culture du futur de parvenir aussi facilement à rallier les membres du gouvernement à leur politique !

C.P. : Mais l'objectif du 1 % est demeuré un horizon jamais atteint.
J.L. : N'étant pas né de la dernière pluie, et pour des raisons de tactique budgétaire, j'ai fixé un but très ambitieux : parvenir au 1 % en un an, ce qui eût été sans doute une augmentation trop brutale. C'est Mitterrand qui a inventé l'idée d'un doublement du budget de la Culture pour la première année, ce qui en soi est une révolution : jamais dans l'histoire une administration n'avait bénéficié d'une augmentation aussi forte, à part peut-être après la guerre dans le cadre de la reconstruction. Mitterrand m'a d'abord affirmé : « *A partir de là, vous pourrez obtenir le 1 % dans les deux ou trois années qui viennent.* » Puis

il a surtout ajouté : « *Je vous rends service en ne vous accordant pas le 1 % dès la première année parce que vous ne sauriez pas comment dépenser cet argent* », et il avait raison. Il n'avait cependant pas annoncé qu'il y aurait doublement mais que, pour la première année, j'obtiendrais 0,75 % du budget de l'Etat, ce qui était considérable. Je me souviens qu'avant une réunion du Conseil des ministres en juillet, j'ai appris par indiscrétion que l'on comptait réduire mon enveloppe de l'équivalent de 500 millions de francs, soit 0,05 %. J'ai alors fait passer un petit mot à Mitterrand où je m'en alarmais. Avec son autorité, il a exigé en Conseil des ministres que sa décision de porter le budget de la culture à 0, 75 % soit respectée. C'est effectivement ce qui s'est passé.

C.P. : Vous affirmez avoir atteint avec une certaine facilité vos objectifs, y compris en matière budgétaire. Toutefois, à la relecture des documents que nous avons réunis, on s'aperçoit que vous posez très tôt la question de l'éducation artistique sans qu'une action d'envergure dans ce domaine ne soit réalisée. Comment expliquer alors ce rendez-vous manqué ?
J.L. : Ce n'est pas complètement un rendez-vous manqué. Nous formions incontestablement une équipe et l'esprit général de ce gouvernement était à la transformation et au changement. Mais en même temps on respectait la compétence de chacun. Là où j'avais le pouvoir, j'ai pu déplacer les lignes très loin. Mais dès lors qu'un projet engageait une autre administration, sa concrétisation devenait difficile. Il y a donc certains domaines dans lesquels je n'ai pas pu aller aussi loin que je l'aurais souhaité. Alain Savary, qui est un homme de haute stature morale, a d'abord été pris à la gorge par la nécessité de transformer l'Education nationale, de créer les ZEP et, surtout, d'affronter la question de l'éducation catholique, qui a pourri son action. Je l'ai certes harcelé en permanence et nous sommes quand même

parvenus à signer une convention entre les deux ministères, la première du genre, en 1983. Qui plus est, nous avons créé les classes du patrimoine, les classes arc-en-ciel, les classes photographie. J'ai en outre réussi à le convaincre de créer pour les lycées ce que l'on appelait les options obligatoires classes A3 pour le cinéma, le théâtre, la musique, etc. Puis il y a tout ce que j'ai réussi à mettre en place moi-même en « contrebande », notamment avec le soutien direct d'équipes pédagogiques. Mais nous ne pouvions pas dès le début aller trop loin car nous rencontrions une grande méfiance à la base, notamment de la part des profs. Une étape d'apprentissage mutuel était alors nécessaire entre deux ministères qui jusque là s'ignoraient. Beaucoup de choses ont donc été réalisées mais peut-être moins que ce que j'aurais souhaité.

C.P. : Quels sont les dossiers importants pour lesquels vous regrettez de ne pas être allé aussi loin qu'il l'aurait fallu ?
J.L. : Au-delà de la question de la culture, je pense aux questions relevant du cadre de vie, de l'habitat, de l'urbanisme, de l'architecture. J'estime effectivement que sur ces sujets nous n'avons pas été à la hauteur. C'est d'ailleurs une étrangeté que Mitterrand, qui avait un sens urbain et qui était un passionné d'architecture, ne se soit pas donné les moyens d'une politique radicalement nouvelle de l'urbanisme, de l'architecture et de la construction. Toujours convaincu de l'impérieuse nécessité de prendre à bras-le-corps ces questions, j'ai soufflé à Jospin pour l'élaboration de son programme présidentiel que le premier ministère de la République devrait être à côté des ministères culturels – Recherche, Education, Culture – le ministère de « l'Habitat ». On passe en effet la moitié de sa vie chez soi, quand on a un chez-soi. Ces sujets n'ont pas été traités avec l'ampleur nécessaire et l'imagination a fait ici défaut au pouvoir. Or nous touchons là à ce qui façonne les conditions matérielles de vie, ce qui

n'est pas rien, et surtout à ce qui façonne l'imaginaire collectif, au même titre que l'école et la culture.

C.P. : Comment analysez-vous la situation contemporaine ?
J.L. : Je trouve la combativité et la ténacité des plus jeunes assez remarquables. C'est une des rares choses réjouissantes dans ce paysage gris. Ce qui est important, je crois, et qui le moment venu peut assurer des germinations, des explosions, c'est tout de même le travail en profondeur que nous avons effectué. Finalement, les récents mouvements autour des intermittents ne sont pas sans lien avec une « capillarisation » de l'ensemble de la société par des compagnies théâtrales, chorégraphiques et musicales, mais aussi avec ce qui avait été réalisé par le gouvernement Jospin à travers les emplois-jeunes pour soutenir des associations d'éducation populaire, des mouvements de jeunesse, etc.

C.P. : Considérez-vous donc toujours le ministère de la Culture comme un lieu à partir duquel l'élan de l'imagination peut à nouveau se développer ?
J.L. : Il peut et doit en effet être le lieu du renouveau. Mais il faut l'associer à celui de l'Education nationale, constituant ce que j'appelle le ministère de l'Intelligence. Je n'ai pas le désir de redevenir ministre de la Culture mais, si je me trouvais à nouveau en situation d'assumer des responsabilités de ce type – culture, éducation –, je proposerais une vision globale de la culture, de l'éducation et de la recherche. En tout cas je souhaiterais qu'il y ait un pilotage de tout ce qui fabrique et transforme l'imaginaire collectif. Il y a beaucoup à faire et il faut que la volonté politique soit effective. Aujourd'hui, la perspective est manifestement au renoncement et à la capitulation. Il est triste de voir combien les choses se désagrègent par lambeaux : l'action culturelle extérieure, les universités, la recherche, la télé, etc.

Mais je réprouve et conteste l'idée selon laquelle tout aurait été épuisé. Malheureusement, la volonté s'est affaissée. Comme nous l'avions fait en 1981, il faudrait aujourd'hui procéder à une véritable radiographie du paysage culturel, non pas en vue d'élaguer, mais pour faire grandir à nouveau

François Léotard
Distances

Contribution : novembre 2003.

Dans une atmosphère conviviale, à son domicile parisien, François Léotard se remémore son expérience de premier ministre de la Culture à succéder à Jack Lang, au sein du gouvernement de Jacques Chirac. Il apparaissait alors comme l'une des figures majeures de la rénovation de la droite libérale. Ministre de la Culture de droite : comment penser ce qui, en 1986, sonnait comme une contradiction, voire un oxymore ? Aujourd'hui éloigné de la vie politique, quel regard porte-t-il sur ses deux années de mandat, années d'engagement et d'épreuves ?

perspective

Culture Publique : A votre arrivée rue de Valois, comment considérez-vous la politique mise en place par votre prédécesseur ?

François Léotard : Jack Lang a fait des choses qui sont incontestablement des progrès, notamment dans la considération que la République pouvait accorder au monde de la culture. Cependant, son action me paraissait totalement dispersée. Elle partait notamment d'un certain concept « tout est culture », que je conteste pour ma part. J'avais donc le sentiment en arrivant en 1986 que ce ministère était très important mais je considérais qu'il fallait recentrer son action sur des missions qui me semblaient correspondre à celles de l'Etat. Dans cette perspective, je me suis fixé trois objectifs prioritaires : d'abord le patrimoine – ce qui englobait, dans mon esprit, au-delà des seuls monuments artistiques, le patrimoine musical, littéraire, etc. ; ensuite, le rayonnement culturel de la France – à la fois la langue, les exportations de spectacles, etc. ; et enfin, les enseignements artistiques, pour lesquels j'ai fait voter une loi sur dix ans qui avait pour ambition essentielle de redonner aux jeunes Français le goût de l'art, du théâtre, de la musique, de la danse. Ces trois axes constituaient le noyau dur, ils relevaient à mes yeux de la responsabilité de la nation tout entière et non des collectivités locales ou du privé.

C.P. : Ce recentrage impliquait-il une conception distincte du budget de la Culture ?

F.L. : Je n'ai jamais cru au 1 %. Non pas qu'il ne faille pas accorder beaucoup d'argent de l'Etat mais je crois que la thèse du 1 % était un objectif politico-médiatique qui sous-estimait les efforts des particuliers et des collectivités locales. Car au fond, si on ajoute ces deux financements à ceux de l'Etat, on peut obtenir beaucoup plus. Ce mythe du 1 % n'avait donc pas pour moi la valeur qu'il avait aux yeux de Lang et du public de la culture lui-même.

Ensuite, il me semblait que la défiscalisation pouvait être un élément majeur dans l'incitation à la création culturelle. Je pensais que de nombreux domaines pouvaient en grande partie être pris en charge par l'initiative privée. Je tenais beaucoup à ce que les entreprises puissent accepter par des mesures de défiscalisation d'aller dans ces directions. Le cofinancement consistait à leur dire : *« Si vous apportez X francs, nous apportons Y francs. »* J'ai donc fait voter plusieurs lois : la loi sur le mécénat, la baisse de la TVA sur le disque et des mécanismes de défiscalisation qui ont coûté à l'Etat de l'ordre de 2 à 3 milliards de francs qu'il conviendrait, pour être honnête, d'ajouter au budget effectif de la Culture qui était à l'époque de 8 à 9 milliards de francs... Contrairement à mes prédécesseurs, j'étais donc réticent à brandir comme un drapeau le 1 %. Cependant, j'avais obtenu en principe un accord du Premier ministre sur le maintien des crédits qui avaient été accordés à Lang. Il faut toutefois reconnaître que, comme aujourd'hui encore, les deux tiers ou les trois quarts des crédits d'investissements étaient mangés par les grands travaux : il faut bien que, pendant ce temps-là, les carreaux de l'Opéra-Bastille et les tapis de la Comédie-Française soient nettoyés. Cette idée, qui me semblait avoir été assez étrangère à Lang, je passais mon temps à la défendre : il faut bien que la maison soit nettoyée, que les gens puissent recevoir, jouer, que l'électricité soit payée... Je reconnais le caractère un peu trivial de ce discours par rapport au lyrisme langien. Mais je voulais remettre un peu les choses sur pied : il y avait une sorte de civisme ministériel à dire qu'on ne pouvait pas continuer à dépenser de manière inconsidérée.

C.P. : Reste un cliché tenace qui opposerait le « parti des créateurs », dont la sensibilité serait par essence de gauche, et la raison d'une « gestion de l'Etat », qui serait l'apanage de la droite. Aviez-vous conscience de ce paysage mental et comment vous positionniez-vous alors ?

F.L. : Il y avait manifestement tout cet arrière-fond intellectuel que vous évoquez : « socialisme ou barbarie » en somme, ce qui contribuait à construire un paysage caricatural et manichéen avec les bons d'un côté, les mauvais de l'autre. Mais, en premier lieu, je pense effectivement qu'un ministre quel qu'il soit est d'abord gestionnaire de son personnel et de son administration, ce qui me paraissait avoir été quelque peu délaissé. C'est peut-être un peu terne mais ça correspond, si j'ose dire, à une certaine forme de modestie culturelle. Il s'agissait de faire que l'outil lui-même soit un peu plus performant, un peu moins mou. J'ai donc essayé de modeler cette pâte un peu bizarre, en rationalisant l'administration mais aussi en créant de nouveaux outils tels que la Délégation à la danse. Ceci dit, j'avais aussi la certitude que mon action serait très difficile compte tenu de l'aura incontestable qu'avait pu avoir Jack Lang auprès du milieu artistique. En outre, du fait que le ministère cumulait les deux fonctions Culture et Communication, la première partie de mon mandat a été complètement occultée par la loi sur l'audiovisuel. J'ai beaucoup souffert de ça et je le dis avec beaucoup de sérénité aujourd'hui. Cette question m'a occupé presque totalement durant les six premiers mois, période durant laquelle il y avait aussi la réforme de l'Opéra, les colonnes de Buren, c'est-à-dire des événements médiatiques sur lesquels je n'ai pas pu réagir comme je l'aurais souhaité et qui ont mis en cause ma façon de gouverner, notamment sur l'art contemporain – là c'était la droite qui me contestait, dans *Le Figaro* notamment, où il y a eu une vraie campagne contre les colonnes de Buren – et puis sur la relation avec les artistes et le spectacle vivant, où là c'était plutôt la gauche qui montait au créneau.

C.P. : Peut-on dire que votre premier défi consistait à tenter de renverser cette image selon laquelle la droite ne saurait dialoguer avec le monde de l'art ?
F.L. : J'étais effectivement très conscient des difficultés liées à l'image de la droite dans ce domaine et je désirais non pas attirer les artistes, mais simplement montrer qu'on pouvait se situer à droite sans être le roi des imbéciles, ni intéressé par la seule question du patrimoine. Ceci dit, jamais avec Jacques Chirac je n'ai eu un seul entretien sur le thème : *« Est-ce que je peux avoir un comité d'artistes pour les élections de 1988 ? »* A l'Hôtel de Ville, il recevait beaucoup, y compris des artistes. Il avait donc son propre carnet d'adresses, aidé par tous ces gens qui aujourd'hui sont nommés, depuis Jean-Jacques Aillagon jusqu'à Bruno Racine, en passant par Roch-Olivier Maistre, etc. Ces derniers ont sans doute joué ce rôle pour lui. Pas moi. J'avais le sentiment que ce n'était pas mon boulot et j'étais en outre très sceptique quant au résultat. Alors, je me suis toujours efforcé de ne pas regarder l'étiquette politique. C'est très étrange : je pense avoir été beaucoup plus ouvert à la diversité que Jack Lang ne l'a été. Je suis convaincu qu'il avait une conception largement partisane de son

mandat. Je ne l'ai pour ma part jamais eue, alors que j'étais chef de parti ! Je me souviens de conversations avec Jack Ralite d'une richesse extraordinaire. Je me souviens d'entrevues avec Vitez, avec qui j'avais des relations formidables, mais aussi avec Strehler, André Masson, Marguerite Yourcenar. J'avais avec ces artistes un rapport affectueux et vraiment pas intéressé. Ce monde là était bien sûr plutôt à gauche : la plupart d'entre eux ne seraient jamais venus à une fête du parti républicain et ils allaient aux fêtes du PS ou de l'Huma. Ceci ne m'a jamais choqué. Mon frère était un personnage en dehors de toute logique partisane et il m'aidait beaucoup dans ce domaine : j'allais sur les tournages discuter avec ses copains Coluche, Michel Piccoli, Romy Schneider, etc. qui n'étaient pas nécessairement des gens de droite ! Ces relations là étaient pour moi très affectueuses et pleines d'admiration mais je n'ai jamais essayé d'utiliser ça à des fins politiques. C'est certes un peu un reproche que je fais à Lang mais je le comprends : c'était aussi le ministre des Relations publiques dont la fonction était de faire venir les artistes auprès du président.

C.P. : Sur certaines questions, vous semblez donc vous positionner en rupture par rapport aux années langiennes. Cependant, vous poursuivez la politique précédente sur un dossier aussi emblématique que celui des colonnes de Buren, que vous inaugurez en 1986. Comment comprendre cet héritage assumé ?
F.L. : Quand j'arrive, le chantier de l'œuvre n'est pas totalement fini, mais largement avancé. J'ai fait l'objet d'une campagne incroyable, notamment de la part du *Figaro*, sur le thème : *« il faut casser... »* et je me serais sans doute fait applaudir par mon électorat si je l'avais fait. J'étais révolté par cette campagne et je ne l'ai peut-être pas dit assez clairement. Je tenais à continuer d'abord parce qu'il y avait un contrat avec l'artiste, qu'on aime ou pas ses colonnes. Je n'étais

d'ailleurs pas franchement enthousiaste à l'époque et maintenant je trouve ça très beau. En outre, la situation antérieure était affreuse : c'était un parking et on ne pouvait donc pas sérieusement présenter cette œuvre comme une verrue. Enfin, il y a eu une campagne à la limite antisémite, qui était dégueulasse et inacceptable, venant de la droite et de l'extrême-droite. J'ai donc vraiment essayé de réfléchir en conscience et je me suis assez foutu de ce qu'on pouvait penser de moi. Pour diriger la chose publique, il faut essayer de se détourner de la séduction, de se demander en conscience « Est-ce que c'est juste ? », ce qui est facile à dire maintenant alors que j'ai aussi joué ce jeu-là parfois.

C.P. : Dans le même ordre d'idées, comment considérer votre contribution à la poursuite de la politique des grands travaux présidentiels ?

F.L. : J'ai connu les trois derniers présidents de la Ve République. Des trois, François Mitterrand est celui qui avait la culture personnelle la plus profonde. C'est un patrimoine personnel auquel j'étais sensible et attaché. On avait des conversations très intéressantes, surtout sur la littérature. Sur les grands travaux, j'ai de suite affirmé qu'il n'y aurait pas de déclaration de guerre, ce qui pouvait tenter Balladur ou Chirac, tout au moins avant les élections. La coordination était donc très simple sur ce dossier : c'était Mitterrand, Biasini et moi, et il y avait un vrai dialogue sur ces sujets. Mitterrand connaissait très bien les architectes, les invitait à déjeuner et défendait des idées personnelles assez fortes. Il suivait notamment le chantier du Louvre quotidiennement et la pyramide de Pei recevait de la part de l'opposition de l'époque une réaction très hostile. Je n'ai cependant jamais caché que j'avais aidé Mitterrand parce que je crois qu'il avait raison. J'avais fait faire notamment un gros travail de fond sur ce dossier pour montrer que les rentrées d'argent, du fait de l'augmentation des visiteurs, financeraient très largement les emprunts contractés. Il m'a fallu conduire une véritable épreuve de force avec le ministère des Finances qui s'est terminée je crois à l'été 87 par un communiqué où l'on assurait que les grands travaux se poursuivraient. A part l'Opéra-Bastille que l'on a un tout petit peu modifié, non seulement on n'a rien remis en cause mais, en plus, on a lancé d'autres projets : celui de la Bibliothèque numéro 2, celui de la Cité de la musique et un certain nombre de réalisations en province – je pense aux musées de Grenoble et de Saint-Etienne –, mais aussi l'agrandissement du Centre Pompidou et surtout la création du Jeu de Paume alors qu'il n'y avait pas de lieu dédié à l'art contemporain à Paris.

C.P. : Dans ces domaines, vous n'étiez donc pas attaché à marquer dans l'ordre du visible une rupture portée par un projet de droite ?
F.L. : Je pensais simplement que la direction déjà entreprise était la bonne. Que Lang l'ait initiée, ce n'était pas mon problème ! Je considérais qu'il avait fait des choses quelques fois justes, quelques fois excessives. L'erreur de Jack Lang consistait à dire qu'avant il n'y avait rien et qu'avec lui tout allait advenir. D'abord ce n'est jamais vrai pour qui que ce soit. Beaucoup de choses que j'ai inaugurées ont été décidées par lui et même par certains de ses prédécesseurs – je pense à la gare d'Orsay – et beaucoup de choses que j'ai faites ont été inaugurées par d'autres. Il n'avait pas cette modestie qui devrait prévaloir dans la chose publique. Quand on dit : *« J'ai fait ça »,* c'est un peu irritant, mais j'y ai moi-même cédé comme tout le monde.

C.P. : En quoi cependant la politique culturelle pouvait-elle faire enjeu politique pour le courant de droite libérale que vous incarniez ?
F.L. : Cette sensibilité s'est traduite par les mesures de défiscalisation, par la loi sur le mécénat, etc. Je me souviens qu'Alain Madelin

disait : « *Voilà la vraie politique de la culture qu'il faut mener.* » Ce compliment, outre qu'il était excessif, a pu parfois me gêner mais il soulignait que l'on pouvait dépenser moins tout en faisant autant, si ce n'est plus, ce qui plaisait aux libéraux. Nous étions un peu fascinés, je dois le reconnaître, par l'exemple américain : on avait le sentiment que les Américains, sans ministère de la Culture, à l'instar des Allemands ou des Britanniques, faisaient non pas aussi bien que nous – la France a toujours pensé qu'elle était au premier rang – mais des choses toutefois remarquables dans les domaines de la musique ou du spectacle vivant. La vie culturelle était en effet plutôt concentrée à New York qu'à Paris, alors qu'il n'y avait presque pas d'argent public. J'étais conscient qu'on ne pouvait pas transposer ça en France mais je suis convaincu qu'on peut aujourd'hui encore aller beaucoup plus loin dans la défiscalisation sans porter atteinte aux droits et libertés des artistes.

C.P. : Aviez-vous le sentiment que les idées libérales que vous défendiez rompaient fondamentalement avec les conceptions de la gauche de l'époque selon lesquelles la liberté de création devait demeurer l'axe cardinal de l'action publique ?
F.L. : Lorsque je relis aujourd'hui l'entretien de Jack Lang avec Dominique Jamet où le ministre affirme que « *la vraie finalité d'un ministère et aussi bien d'une administration culturelle c'est de dépérir et de disparaître* », je partage son point de vue – même si je pense que l'Etat ne doit pas totalement disparaître pour conserver certaines missions régaliennes et qu'on ne peut pas laisser au gré du marché la langue ou le patrimoine. Mais la pratique a-t-elle été dans le sens de ce discours ? Quand j'ai privatisé TF1, c'est lui qui est monté au créneau à l'Assemblée pour me reprocher d'avoir « *vendu le château de Versailles* », selon ses termes. Quand je suis arrivé, 90 % de l'audience était tenue par l'Etat, les journalistes étaient fonctionnaires,

certes libres mais financés par l'argent public. Quand je suis parti, il y avait 50 % Etat, 50 % privé. On m'a reproché cette décision parce que c'était la chaîne phare et que, bien que les premières années ils aient joué le jeu, les programmes se sont ensuite dégradés. On a en tout cas retiré l'Etat d'un secteur sur lequel il pouvait peser sur la liberté de penser. Je pense qu'il faut maintenir, y compris contre l'Etat, la liberté des créateurs. Je n'étais toutefois pas forcément bien vu à droite sur ces sujets... Mais je reconnais aussi que je suis revenu de quelques positions : je considère aujourd'hui que la dignité des libéraux devrait consister à dire où s'arrête la loi du marché. Sur la santé, l'environnement et la culture, il faut dire nous-mêmes que ce ne sont pas des marchandises. Je suis devenu aujourd'hui beaucoup plus proche de ce que disent les altermondialistes sur un certain nombre de questions et je me trouve totalement éloigné des thèses américaines, beaucoup plus loin encore que je ne l'étais en 1986, même si à l'époque je me méfiais déjà d'un certain impérialisme culturel américain. J'avais comme idée qu'il fallait construire un pôle français qui soit capable de faire face aux monstres mondiaux, sinon la totalité des industries culturelles françaises passaient sous contrôle étranger. Or, ce penchant « protectionniste » n'était pas du tout libéral ! Heureusement qu'on n'a pas laissé faire, en tout cas dans le domaine du cinéma, et là Jack Lang avait raison. Sur le plan de la protection audiovisuelle, il me semble aussi que si on ne fait rien, c'est très dangereux. Dans la controverse que j'avais avec Madelin, qui est devenue de plus en plus forte tant et si bien qu'on s'est séparés, je lui reprochais de n'être pas fidèle au fond du libéralisme français qui est un libéralisme politique et dont l'intérêt premier est de protéger la personne humaine et notamment sa culture. Tel est le souci de Tocqueville, Montesquieu, Montaigne, jusqu'à Raymond Aron.

C.P. : Aujourd'hui que vous avez rompu les ponts avec l'univers politique, si l'on venait vous demander quelques conseils sur ce qu'il faudrait faire pour demain en termes de politique culturelle, quelles pistes pourriez-vous lancer?

F.L. : Je commencerais par les enseignements artistiques. Les Français sont des machines à savoir et ne savent pas quoi faire de leur corps, de leurs oreilles, de leurs yeux. Il faudrait pour changer ça que l'on parvienne à modifier profondément les rythmes scolaires. Dans cette voie, il faudrait en outre fusionner les deux ministères de la Culture et de l'Education. Quand Jack Lang parle d'un « *ministère de l'Intelligence* », c'est un peu lyrique mais assez juste. L'idée serait que l'on fasse un grand ministère des Choses immatérielles. A l'extrême, on confierait tout ce qui est béton et infrastructures à d'autres organismes, mais on gèrerait la sensibilité, la matière grise. C'est une idée forte qui, à mon avis, prévaudra dans le futur. Les régions font de superbes lycées, les départements font de très beaux collèges, donc tout ça devrait échapper maintenant à l'Education nationale. En revanche, toute la gestion de la sensibilité pourrait être rassemblée dans une structure peut-être collégiale mais unique.

Malheureusement, les syndicats enseignants sont très réservés si ce n'est hostiles. En outre, l'administration de la Culture ne se voit pas intégrée à une énorme machine. Mais là il y aurait de l'argent: l'éducation représente quand même le premier budget de l'Etat et l'intelligence est peut-être la seule valeur dont on est sûr qu'elle ne se consume pas. Tout ceci passe en outre par la communication : on devrait avoir un Channel 4 à la française avec Arte, France 2, France 3 groupés avec beaucoup d'argent public, sans publicité, et placés dans le grand ministère de la Culture et de l'Education.

Enfin, la politique culturelle peut être une grande ambition nationale. La France n'est plus une grande puissance mondiale et la France comme grande puissance culturelle devrait être un modèle à construire. Dans ce genre de prise de conscience, Jack Lang a joué un rôle déclencheur, notamment grâce à son lyrisme. De Gaulle lui-même l'avait compris lorsqu'il disait qu'on ne peut faire vibrer les Français sur un pourcentage de PNB. La politique n'est pas le lieu du rationnel ; c'est l'erreur des gouvernants d'aujourd'hui de le croire. Tout l'exercice politique consiste dans la gestion des fantasmes et des rêves.

L'un des premiers hauts fonctionnaires à avoir rejoint l'administration de la Culture en tant que directeur de cabinet de Jacques Duhamel au ministère des Affaires culturelles (1971-1973), Jacques Rigaud est resté un observateur actif de la vie artistique et des politiques culturelles. Auteur de plusieurs ouvrages sur le sujet, président de la Chartreuse de Villeneuve-lez-Avignon et pionnier du mécénat culturel, il produit en 1996, à la demande du ministère de la Culture, le rapport « Pour une refondation de la politique culturelle ». Son indépendance d'esprit en fait un interlocuteur avisé ; sa longue expérience du pouvoir culturel lui permet de mettre en question la rupture suscitée par l'arrivée de la gauche en 1981.

Jacques Rigaud
Passerelle

Contribution : novembre 2003.

Culture Publique : L'alternance politique qui survient en mai 1981, avec l'élection de François Mitterrand à la présidence de la République, se traduit-elle à vos yeux par une rupture dans l'histoire de la politique culturelle ?

Jacques Rigaud : Je n'étais pas socialiste, je n'étais pas non plus giscardien, mais j'ai considéré que l'alternance politique telle qu'elle a été vécue en 1981 – et j'y ai, comme électeur, contribué – était une hygiène publique dont nous avions besoin, quels que soient les dangers que pouvait présenter l'arrivée au pouvoir d'une équipe qui ignorait tout des réalités de l'économie de marché et qui, à part Gaston Defferre et François Mitterrand lui-même, n'avait aucune expérience de l'action gouvernementale.

Jack Lang – que je connaissais depuis de longues années et avec qui j'avais une relation d'amitié – m'avait demandé de venir à l'Assemblée nationale pour assister à son grand discours sur « *l'ombre et la lumière* ». Je comprends très bien que pour tous ceux qui ont vécu cette période, celle-ci reste un grand souvenir jusqu'à prendre les couleurs d'une légende.

Mais le temps de l'Histoire est venu. Quelqu'un qui découvre aujourd'hui tous les discours et les documents de cette époque peut se dire que la rupture fut complète, comme si on avait attendu Jack Lang pour être « *en rupture avec le traditionnel gouvernement des arts* ». Or, ce qu'on a appelé le « système des beaux-arts », avec un secrétariat d'Etat aux Beaux-Arts annexe du ministère de l'Instruction publique et avec de grandes institutions placées sous la coupe de l'Académie des beaux-arts, c'est Malraux qui en signe effectivement la fin. D'ailleurs, l'Institut de France comme l'Académie des beaux-arts lui en ont voulu et lui en veulent encore! Le concept d'action culturelle, les maisons de la Culture, la création d'un ministère de plein exercice, toutes ces choses-là sont inaugurées par Malraux, non par Jack Lang. Cette remise en perspective historique est un devoir scientifique. Ensuite, on peut analyser ce qui, à partir de 1981, constitue une nouvelle étape de la politique culturelle, et je suis le dernier à en contester l'importance.

C.P. : Ce ministère des Affaires culturelles, puis de la Culture, a-t-il toujours résulté d'une véritable volonté politique ?
J.R. : De Gaulle n'a pas repris le pouvoir pour créer un ministère des Affaires culturelles! La création de ce ministère est un accident. De Gaulle se demandait que faire de Malraux et c'est Pompidou, directeur de cabinet du général, qui était chargé de réfléchir à la question et qui a dû faire la suggestion au Général. Recevant Michel Debré au moment de la constitution de son gouvernement à la fin 1958, le général de Gaulle a lâché : « *Vous devriez faire de Malraux un ministre des Affaires culturelles, cela donnerait du relief à votre gouvernement.* » On a alors constitué de bric et de broc le ministère des Affaires culturelles...
Lorsque de Gaulle s'en va et que Georges Pompidou est élu, imaginez qu'il ait voulu « siffler la fin de la récréation »! A quoi bon faire une politique culturelle qui coûte cher et qui n'a pas grand sens ? A

l'époque, la plupart des hommes politiques auraient réfléchi de la sorte et on aurait alors recréé au ministère de l'Education nationale un secrétariat d'Etat aux Arts et Lettres. Personne n'aurait bronché dans la majorité, et je ne suis même pas sûr que le milieu culturel qui avait eu en 1968 des relations assez difficiles avec Malraux, aurait pleuré des larmes de sang. Mais ce n'est pas la décision qui a été prise. Georges Pompidou, parce qu'il avait sur ce sujet des idées et une ambition – ainsi que Chaban-Delmas –, décide de maintenir un ministère des Affaires culturelles. Toutefois, pour des raisons d'orthodoxie gaullienne, il décide de le confier à Edmond Michelet qui n'était pas candidat. Un an plus tard arrive Jacques Duhamel, certes amateur d'art éclairé mais homme politique avant tout, en tant que chef d'une des trois tendances de la majorité. Le maintien d'un ministère des Affaires culturelles est un acte fondamental, même si sous Giscard il a pris le rang d'un simple secrétariat d'Etat. En effet, la présence dans le gouvernement de la République d'un ministère des Affaires culturelles – ou de la Culture, mot qui date lui aussi de Giscard –, n'a plus jamais été remise en cause. Cela me paraît extraordinairement important.

Que Jack Lang et la présidence Mitterrand aient marqué une étape nouvelle dans la politique culturelle, il faudrait être idiot ou sectaire pour le contester. Mais ce ne serait pas rendre un service à Jack Lang et à la mémoire de François Mitterrand que de prétendre qu'au tournant des années 1980, nous passons de l'ombre à la lumière ! J'ai développé dans plusieurs ouvrages la thèse d'une continuité de la politique culturelle, en dépit des alternances politiques et des profils des quinze ministres qui se sont succédé. Jack Lang n'aurait pas pu faire tout ce qu'il a fait s'il n'avait pas pu s'appuyer sur des institutions, des procédures, des pratiques administratives, du personnel. Certains de ceux qui ont fait carrière et ont illustré brillamment cette période étaient déjà là. Qui plus est, Mai 1968 a posé de vraies questions sur le plan culturel. Au tournant des années 1970, l'idée qu'il y ait une politique culturelle ou que la qualité de la vie soit prise en compte a beaucoup marqué les nouveaux énarques. C'est moi qui ai reçu au ministère de jeunes énarques qui, dans le contexte des années post-68, étaient beaucoup plus intéressés par la Culture que par la Caisse des dépôts ou le ministère des Affaires sociales : ils s'appelaient Bernard Faivre d'Arcier, Jérôme Clément, Nancy Bouché, Michel Berthot. Très vite, ceux-ci ont eu des responsabilités effectives.

C.P. : A partir de 1959, l'administration culturelle balbutiante est obligée d'inventer dans une relative urgence la façon même de procéder pour mettre en œuvre les chantiers que lance Malraux. Peut-on dater de la période où Jacques Duhamel est en charge de ce ministère (1971-1973) la consolidation d'une véritable administration culturelle ?

J.R. : Tout à fait. J'ai résumé cela dans une formule : « *Malraux a donné à la politique culturelle son prestige, Jacques Duhamel sa crédibilité dans l'Etat, Michel Guy sa modernité, et Jack Lang son assise dans l'opinion.* » Lorsque Duhamel arrive aux Affaires culturelles, je l'entends encore dire : « *Je ne penserai pas au niveau de Malraux, je ne vivrai pas au niveau de Michelet, mais j'essaierai d'administrer ce ministère, car c'est ça que je sais faire.* » La consigne qu'il m'a donnée était la suivante : assumons l'héritage de Malraux mais il faut surtout être pris au sérieux au sein de l'Etat et non pas donner l'impression d'une sorte de *happening* permanent. Que la politique culturelle ne soit pas un ghetto. Cela devait se traduire sur le plan budgétaire, dans le domaine des relations avec le Premier ministre comme dans un cadre interministériel, avec l'Aménagement du territoire, l'Education nationale, les Affaires étrangères, etc. La création du Fonds d'intervention culturel était précisément le vecteur de cette action interministérielle.

C.P. : Beaucoup de protagonistes de cette période ont reconnu l'importance de ce Fonds d'intervention culturel. Comment expliquer que cet outil disparaisse assez rapidement sous Jack Lang, alors même que celui-ci dit à un moment: *« Il y a autant de ministres de la Culture qu'il y a de ministres dans le gouvernement. » ?*
J.R. : Le fait que Jack Lang ait abandonné ce Fonds d'intervention culturel est pour moi une question sans réponse. J'ai cependant quelques possibles éléments d'explication. Sans que je puisse attester de cette rumeur, dans des discussions budgétaires difficiles, Jack Lang aurait dit: « *Puisque c'est comme ça, supprimez le FIC !* », sans doute en pensant que cette provocation ne serait pas suivie d'effet. Seconde explication, plus psychologique: cet instrument, interministériel, relevait de Matignon. Or, Jack Lang était tellement persuadé de son charisme qu'il pensait sans doute pouvoir mieux user d'une action personnelle auprès des autres ministres.

C.P. : Ceci mis à part, quels sont selon vous les principaux éléments qui attesteraient d'une continuité de la politique culturelle sous la Ve République ?
J.R. : Prenons les grands travaux: ils ne sont pas inventés par Jack Lang ! Il se trouve que je me suis occupé de grands projets au temps de Georges Pompidou comme au temps de François Mitterrand. En effet, Jacques Duhamel m'avait chargé de suivre de très près le projet du Centre Beaubourg, comme on l'appelait à l'époque. Ensuite, j'ai été en charge pendant dix ans du projet du musée d'Orsay, ce qui m'a conduit à avoir sur ces deux dossiers une relation personnelle avec Pompidou et Mitterrand. Certes, pour Pompidou, il y a eu un seul grand projet; il y en a eu plusieurs pour Giscard d'Estaing – Orsay, La Villette et le lancement de l'Institut du monde arabe – et pour Mitterrand tous ceux que l'on connaît. Mais dans les deux cas que j'ai bien connus, l'approche humaine et personnelle était la même.

Mitterrand et Pompidou, malgré toutes leurs différences de profil politique, avaient plus d'un point commun, qu'il s'agisse de leur culture personnelle, de leur enracinement français, provincial, et d'un certain sens de l'Etat. Pourquoi ces hommes se sont-ils autant passionnés pour les grands projets ? D'une certaine manière, ils enrageaient du contraste entre la puissance quasi monarchique d'un chef de l'Etat et le sentiment d'une très grande difficulté à changer quoi que ce soit : ça prend un temps fou pour traduire une idée, une intuition ou une volonté dans des lois, des décrets, des pratiques administratives. Alors, avec les grands projets, ils avaient le sentiment de pouvoir agir. J'ai vu Georges Pompidou et François Mitterrand comme des enfants en train de jouer au train électrique ! Dans les deux cas, j'ai perçu le même sentiment : la satisfaction de pouvoir réaliser ce à quoi l'on croit, d'imprimer sa marque et de laisser sa trace.

Un autre domaine de grande continuité est celui de la politique musicale qui a été lancée par Marcel Landowski à la fin du ministère Malraux, et que nous avons mise sur les rails avec Jacques Duhamel, sur le plan lyrique, des orchestres symphoniques, de la décentralisation. La continuité est manifeste même s'il y a eu avec Jack Lang une attention marquée à l'égard des musiques nouvelles grâce à Maurice Fleuret.

Il y a un très grand nombre de domaines dans lesquels s'affirme une continuité de la politique culturelle : la politique du patrimoine, la part donnée aux grandes institutions culturelles, la décentralisation, etc. De manière générale, la conception et l'idée même du rôle de l'Etat dans la culture est une conviction qui est commune, bien qu'il puisse y avoir des nuances.

Ceci posé, je suis loin de négliger ce que Jack Lang a lui-même apporté, d'abord en obtenant des moyens accrus, ensuite par un style qui a pu avoir ses côtés agaçants. Là aussi cependant, il y a une certaine continuité. Même si les formes étaient différentes, la plupart des ministres de la Culture ont compris que c'est un secteur où il faut frapper l'opinion et produire des gestes emblématiques. Le geste de Malraux décidant le ravalement des monuments parisiens a été beaucoup plus important que tout le reste, parce que ça frappait l'opinion. Jack Lang a sans conteste été un maître dans ce domaine.

C.P. : Dans un débat public qui vous réunit en mars 1976, Jack Lang fustige pourtant « *une politique qui sacrifie l'avenir au présent, qui sacrifie le durable à l'éphémère, qui sacrifie le profond au superficiel, au spectaculaire. Politique qui est marquée par son goût de la paillette et de la parure* ».
J.R. : C'est là l'ironie de l'histoire. Avec le recul, Jack Lang à sa façon et dans un autre esprit a repris ce que Michel Guy avait très bien compris, sur ce côté spectaculaire, cette modernité affichée de la politique culturelle.

C.P. : On pourrait s'interroger sur le peu de cas, fait par Jack Lang dans ses discours des années 1980, de la dimension de l'action culturelle en lien avec les mouvements d'éducation populaire, qui ont pourtant nourri le parti socialiste.
J.R. : Lang a connu un peu les mêmes déboires que Malraux. Malraux pouvait mettre la main sur le réseau socioculturel comme il l'entendait. Il ne l'a pas fait parce qu'il avait cette conception mystique du rapport direct entre les grandes œuvres et le public, et il regardait le socioculturel avec une certaine condescendance. En dépit de son recours à certaines formules (« *le plus grand nombre* », « *élitaire pour tous* »...), Lang a eu un peu la même approche. Il faut dire que le système d'éducation populaire issu des mouvements de la Résistance a connu de très grandes heures sous la IVe République, puis s'est quelque peu usé. Il n'y a pas eu de relais de génération.

C.P. : A vous entendre, il n'y aurait donc aucun élément de rupture dans la politique culturelle conduite par Jack Lang au début des années 1980 ?

J.R. : Tout mon discours a consisté jusqu'à présent à relativiser cette « rupture » et à faire ressortir les éléments d'une continuité de la politique culturelle. Mais il est vrai qu'après Michel Guy, entre 1976 et 1981, où se sont succédé des ministres qui sont restés peu de temps (Françoise Giroud, Michel d'Ornano, puis Jean-Philippe Lecat), la politique culturelle a perdu de son élan, de son dynamisme. La période Michel Guy coïncide avec le meilleur dans le giscardisme, à savoir une certaine modernité par rapport à ce que l'Etat gaullien avait d'un peu engoncé et rigide, et qui s'est traduite par la loi sur l'interruption volontaire de grossesse, l'abaissement de la majorité à 18 ans, etc. Michel Guy, qui avait du talent et des idées sans que cela ne coûte très cher, a épaté Giscard, comme Lang a épaté Mitterrand. Mais tout ça s'est assagi et on a ensuite connu les basses eaux du giscardisme sur le plan culturel, avec des budgets stationnaires, une absence d'élan et d'allant, un durcissement politique des milieux culturels par rapport à l'Etat, le soupçon que l'Etat veuille se désengager, etc. A cet égard, l'arrivée de Lang a marqué incontestablement une relance, un élan.

C.P. : Au-delà de ce dynamisme alors retrouvé, ces vingt à trente dernières années font-elles leçon ou héritage pour aujourd'hui, alors que l'actuel ministre de la Culture parle de « *refonder l'histoire de la politique culturelle* » ? N'est-on pas aujourd'hui face à une grande hésitation du ministère de la Culture quant à sa mission même ?

J.R. : Au fond, la période Jack Lang est un formidable souvenir mais il n'y a pas vraiment de postérité. Ni Catherine Trautmann, ni Catherine Tasca ne se sont vraiment inscrites dans la politique de Lang. Le parti socialiste, quand Lang était aux Affaires, s'en est remis à lui…

Le PS, tel que je l'ai connu dans les années 1970, était le mur des Lamentations du monde culturel, des frustrés, des déçus, des ambitieux qui voyaient dans le parti socialiste le réparateur d'injustices, etc. A partir du moment où Jack Lang s'est retrouvé au pouvoir, ils ont traité directement avec le ministère de la Culture, laissant complètement de côté le parti socialiste et celui-ci, y compris à notre époque, n'a pas été un vrai relais ou un vrai foyer d'idées nouvelles. Plus généralement, le débat public sur la culture est très pauvre et l'on voit très peu les hommes politiques se manifester sur ce terrain au plan national alors que beaucoup d'entre eux, de droite ou de gauche, sont profondément motivés sur le plan local.

La politique culturelle s'essouffle, manque de dynamisme. On continue un certain nombre de choses, ce qui est très bien, mais on vit encore sur des concepts qui sont antérieurs à des phénomènes tels que la mondialisation, la suprématie de l'économie de marché, les nouvelles technologies et l'exclusion. Voilà autant de grands défis qui, en eux-mêmes, suffiraient à justifier que la politique culturelle soit complètement repensée. Je ne dis pas que tout est culture, mais beaucoup des problèmes de notre temps ont une dimension culturelle.

Il y a aussi actuellement dans une certaine approche de la régionalisation une volonté de transférer aux collectivités locales une bonne partie de la responsabilité culturelle. Autant je crois que la gestion directe par l'Etat d'un certain nombre de choses n'a plus de sens, autant je crois plus que jamais au rôle de l'Etat pour ce qui est de la mémoire, de l'expertise, d'un sens normatif, mais aussi d'une ambition vis-à-vis de l'extérieur et d'un rôle d'accompagnement de l'innovation. Mais il faut bien voir que ce ministère a hérité des grands projets, devenus des institutions lourdes – que ce soit la Bibliothèque, l'Opéra ou le Louvre… – dont on voit bien que leurs besoins de financement pour fonctionner représentent à eux seuls une charge colossale. Du temps de Jacques Duhamel, dans une période budgétairement plus favorable, nous avions la chance d'avoir dans notre budget une marge de 10 à 15 % pour des actions complètement nouvelles. Cette marge, les ministres ne l'ont plus.

JACQUES RIGAUD A NOTAMMENT PUBLIÉ :
L'EXCEPTION CULTURELLE. CULTURE ET POUVOIR SOUS LA VE RÉPUBLIQUE,
PARIS, GRASSET, 1995.

Philosophe à Paris VIII, essayiste, Daniel Bensaïd est notamment l'un des dirigeants et fondateurs de la Ligue communiste révolutionnaire. Historiquement, la définition de la politique culturelle s'est toujours nourrie des expériences des mouvements révolutionnaires. Qui plus est, en 1981, la LCR fait campagne pour François Mitterrand au premier tour. Telles sont deux des raisons qui rendent précieuse l'analyse de la politique culturelle par ce témoin critique du contemporain. Dans quelle mesure le moment de 1981 fait-il rupture dans le combat culturel contre le libéralisme ?

Daniel Bensaïd

Imagination au pouvoir, pouvoirs imaginaires

Contribution : novembre 2003.

« *Ce jour là, les Français ont franchi la frontière qui sépare la nuit de la lumière.* » A relire, vingt ans après, les discours de Jack Lang en 1981, on croirait que l'élection présidentielle du 10 mai a cassé en deux l'Histoire de France, si ce n'est l'Histoire du monde : l'accession de François Mitterrand à la présidence de la République aurait « *aboli l'ordre naturel des choses* », ni plus ni moins. Victoire définitive, donc, de la culture sur la nature et de l'esprit sur la chair ?

L'élévation du slogan situationniste de Mai 1968 – « *l'imagination au pouvoir* » – au rang de programme de gouvernement s'inscrivait dans ce contexte euphorique. Vingt ans (dont quinze de gouvernance socialiste) après, l'effusion lyrique s'est dissoute dans la gestion prosaïque. Le pouvoir de l'imagination est devenu imaginaire. Acquis au recyclage écologique des idées usagées, les conseillers en communication d'une grande banque l'ont même enrôlée au service des nouveaux produits financiers : « *l'imagination dans le bon sens*[1] » !

Ce glissement progressif et sans plaisir de l'ambition héroïque à la vertu prudente de l'épargne boursière résume bien deux décennies de reniements et de renoncements. Sans doute, l'alliance revendiquée entre le pouvoir et l'imagination portait-elle d'emblée en germe cette conversion acrobatique. L'imagination prétendait prendre le pouvoir, le pouvoir l'a prise. Cruelle leçon dialectique, toujours recommencée. Il fallut, décidément, toute la virtuosité verbale de Jack Lang pour oser proposer un « *ministère d'Imagination* » ou un « *ministère de l'Intelligence* ».

La politique culturelle de la gauche ne pouvait faire exception à la politique tout court. Comme sur les questions économiques et sociales, la transition et le basculement se firent dès les premières années du premier quinquennat. Il suffit, pour s'en convaincre, de lire les discours programmatiques des années 1970. François Mitterrand soulignait alors le lien « *intime* » entre l'action culturelle et « *les rapports de production, les rapports de classe, par conséquent la lutte des classes* » (discours d'Avignon, 1974). Il en déduisait l'impossibilité logique de corriger l'inégalité culturelle « *sans acte révolutionnaire* », ou sans « *une réforme de type révolutionnaire des rapports de production* ». *Sic* !

Cette rhétorique vibrait à l'unisson de l'air du temps. Dans le sillage de Mai 1968, et dans un contexte d'effervescence sociale à l'échelle européenne (les grèves britanniques de 1974, le renversement de la dictature portugaise, le mai rampant italien, l'agonie de la dictature franquiste), « critique sociale » et « critique artiste » semblaient indissociables. Les effets du travail aliéné et ceux du fétichisme marchand, inséparables des inégalités et des injustices de toutes sortes[2].

1. Ce fut, ces dernières années, le slogan publicitaire du Crédit agricole.

Le divorce entre ces deux critiques a commencé à la fin des années 1970, avec le reflux social et le début de la contre-offensive libérale. En France, sa perception fut retardée par la victoire électorale à contretemps du 10 mai 1981. L'accompagnement idéologique de l'effet (longtemps) différé de 1968 n'était déjà plus, alors, que l'écho assourdi d'une séquence politique parvenue à épuisement. Au fil des années 1980, le vocabulaire a marqué ce tournant d'une étrange innovation lexicale : le « sociétal » prenait désormais le pas sur le social.

Le jargon de la résignation postmoderne s'est contenté d'enregistrer cette rupture, comme si elle était l'aboutissement naturel et fatal d'une tendance historique irréversible. Un tel changement ne saurait cependant être détaché des rapports de forces et des conjonctures politiques. Au lieu de nouer solidement entre elles les différentes critiques de la logique marchande et de rassembler largement le « *peuple de gauche* » suivant un front de classe, la capitulation des gauches européennes traditionnelles devant la contre-réforme libérale a ouvert la voie aux divisions et aux fragmentations, à la concurrence de tous contre tous, en attendant la guerre de tous contre tous.

La chute du social en dehors du « sociétal » sanctionnait cette défaite politique. Les grandes ambitions de 1981 étaient porteuses de belles promesses. Elles revendiquaient une « *extension du domaine de la culture* » et proposaient subtilement de « *cultiver la culture* ». Elles voulaient rompre avec le fétichisme de l'art et avec la conception

2. Luc Boltanski et Eve Chiapello ont systématisé cette distinction entre critique sociale et critique artiste dans leur livre sur Le nouvel esprit du capitalisme. *Ils n'expliquent cependant guère pourquoi, inconcevable dans la critique de l'Ecole de Francfort ou dans la critique de la vie quotidienne selon Henri Lefebvre, cette séparation s'est imposée à la fin des années 1970.*

ornementale de la culture, conçue comme un simple marqueur de distinction sociale. Jack Lang prétendit ainsi réhabiliter « *la culture roturière* ». Il dit vouloir faire de son ministère un ministère de la réconciliation entre arts « mineurs » et majeurs, entre cultures scientifiques et littéraires, entre économie et culture, entre Paris et les régions, entre la tradition nationale et l'ouverture cosmopolite. Au fil des accommodements avec la logique libérale dominante, le retour à une culture spectaculaire devait au contraire s'imposer.

L'évolution de la thématique festive en témoigne. Les années 1970 s'étaient intéressées à la fête (et au carnaval) en tant qu'irruption populaire. Faisant l'écho de cette interruption événementielle du cours ordinaire des travaux et des jours, François Mitterrand recommandait en 1981 devant l'Unesco de « *prendre les fêtes au sérieux* ». Après un septennat de démobilisation et de dépolitisation méthodiques, la fête populaire se réduisit, à l'occasion du bicentenaire consensuel de la Révolution française, à une commémoration médiatique. La parade avait vaincu la fête.

Un glissement ne vient jamais seul. La scission entre critique sociale et critique artiste va de pair avec celle entre la dialectique des besoins (collectifs) et celle des désirs (individuels). Vers la fin des années 1970, la rhétorique désirante avait le vent en poupe. Jean Joseph Goux rappelle de même comment l'économie néoclassique de Léon Walras et Charles Gide opposait, dès la fin du XIXe siècle, la *« valeur-désir »* à la *« valeur-travail »*, le paradigme de la consommation à celui de la production. Dès 1981, l'initiative de *« cahiers de désirs et de propositions »*, préparatoires au pacte pour la culture, était dans l'air du temps[3]. Dans le contexte de contre-offensive libérale, le fétichisme du désir pouvait sceller la réconciliation avec la société de consommation, hier vilipendée.

3. Jean-Joseph Goux, Frivolité de la valeur. Essai sur l'imaginaire du capitalisme.

Ce retour en force de la marchandise ne pouvait épargner les représentations culturelles. Dans son discours-programme à l'Assemblée nationale de novembre 1981, Jack Lang proclamait le droit à la culture indissociable du droit au travail, au bonheur, à la vie, à la beauté. Lourde de présupposés idéologiques et imprégnée de vitalisme bergsonien, l'énumération mériterait examen. Elle avait cependant le mérite de souligner le lien entre projet culturel et projet social. Dans le même discours, le ministre reprochait d'ailleurs à ses prédécesseurs, qui avaient *« abandonné le pays aux tourments du marché mondial »*, d'avoir *« perdu foi en la force de l'esprit et de la volonté »* et ouvert la voie à une *« monoculture standardisée »*. Il opposait un triple refus déterminé *« à la politique de rentabilité immédiate »*, au despotisme de l'audimat et des sondages, à la concentration du pouvoir de décision, se fixant pour tâche de *« déversailliser »* la culture.

Ces nobles intentions n'avaient pourtant guère de chance de résister au tournant social-libéral de 1983 et aux contraintes consenties du despotisme de marché.

En 1981, François Mitterrand dénonçait encore une télévision *« défraîchie »* et rappelait sa *« mission de service public »*. Attirant l'attention sur *« le désastre de la télévision italienne livrée au privé »*, Jack Lang défendait encore, à l'automne de la même année, le monopole d'Etat de radio et de télévision contre *« les esprits angéliques »* tenants de la libéralisation culturelle. Vingt ans après, à l'épreuve du pouvoir, c'est toute la gauche gouvernante qui a *« perdu foi en la force de l'esprit et de la volonté »*, cédant au pouvoir impersonnel des marchés et à la logique anonyme du capital.

Présentant ses orientations, Jack Lang proclamait également, en 1981, que l'Etat, parce qu'il retrouvait sa grande tradition de mécénat public, pouvait aussi *« se tourner sans complexe vers le mécénat privé »*. Michel Rocard avait fait sensation en 1977, en déclarant devant le forum patronal du magazine *L'Expansion*, que la logique solidaire de

l'espace public et la logique concurrentielle du marché sont globales. L'une des deux devait donc l'emporter, celle du marché. La production culturelle n'échappe pas à ces *« logiques globales »*. Derrière le mécénat privé, la marchandisation culturelle était en marche.
Pas de commerce des esprits sans commerce des épices, rappelait Jacques Attali lors d'un colloque en Sorbonne. Certes. D'abord se nourrir et se vêtir, disait aussi Hegel. La culture commence donc à la cuisine. Mais la réciproque boite : le commerce mondialisé des épices ne stimule pas forcément celui des esprits.

Au lieu de *« politiser l'art »* (conformément à la recommandation benjaminienne), il devenait inévitable d'esthétiser la politique, autrement dit de retomber dans la culture décorative à laquelle on avait prétendu échapper. Significativement, la culture est (re)devenue objet d'exception dans les négociations commerciales internationales. Il n'est pas question ici de dénigrer l'utilité de certaines mesures de protection de la diversité culturelle comme de la biodiversité, mais de souligner que, si la culture n'est pas (selon la formule désormais consacrée) *« une marchandise comme les autres »*, la santé, l'éducation, le logement, le vivant, la force de travail, ne sauraient l'être davantage. Sauf à réintroduire subrepticement une définition restrictive et élitaire du culturel dont on avait dit vouloir se libérer.
En prenant ses fonctions ministérielles en 1981, Jack Lang déclarait qu'il serait aussi difficile d'abolir les inégalités culturelles que d'abolir les inégalités sociales. *A fortiori* lorsque ces inégalités sociales, loin de dépérir, repartent à la hausse, comme ce fut notamment le cas au cours du second septennat mitterrandien.

Parlant en connaissance de cause, François Mitterrand avait sagement rappelé dans son discours de 1981 à l'Unesco que *« la question du pouvoir ne peut être éludée »* : *« Quelqu'un prend toujours le pouvoir. »*

Il disait aussi, le soir même de sa victoire électorale, ne pas vouloir prendre le pouvoir, mais le rendre. Au peuple ? Ou à l'imagination, plus insaisissable et moins exigeante qu'un peuple assemblé ?
Le pouvoir serait donc soluble dans l'imagination sans phrases ? Jack Lang ne proclama-t-il pas que *« la vraie finalité d'un ministère est de disparaître » ?* Echo assourdi du dépérissement de l'Etat selon Marx ? Plutôt que d'hypostasier l'imagination au pouvoir (d'Etat), il eût mieux valu chercher à libérer les pouvoirs de l'imagination. Il eût fallu oser pour cela la soustraire aux sortilèges de la marchandise.
C'était un autre choix, une autre voie.
Que la bifurcation de 1981-1983 a écartés.

Depuis plus de cinquante ans, Marc'O arpente les terres de la réalisation et de la production cinématographiques, comme celles de la mise en scène d'un théâtre d'avant-garde. Compagnon de la première heure de Guy Debord, il saisit avec son film Les Idoles *la substance d'une « imagination/imaginaire » qui fera les beaux jours de 1968. Au croisement des voies de la poétique et de la politique, il ne cesse d'explorer les territoires des signes et du sens de la création, notamment avec Édouard Glissant, Isabelle Stengers et l'équipe des* Périphériques vous parlent. *Tout au long de ce texte, Marc'O se livre à un parcours sémantique, irisant ici et là quelques sens convenus de la scène inaugurale de l'imagination au pouvoir.*

perspective

Marc'O

Périphérique

Contribution : décembre 2003.

I. Imaginaire et imagination

Devant la question de l'imagination au pouvoir un préalable me semble s'imposer aujourd'hui. Il tient à cette remarque d'Edouard Glissant : *« L'imaginaire crée tandis que l'imagination fabrique. »*

Dans le cadre d'un entretien des *Périphériques vous parlent,* Glissant précise ainsi sa pensée : *« Il y a toujours eu en Occident des penseurs, des peuples, des poètes qui ont imaginé le monde. En fait, que faisaient-ils ces gens qui migraient ou ceux qui partirent en croisades au Moyen Age ? Ils imaginaient bien le monde, mais ils l'imaginaient à partir de leurs seuls critères. Pour le chrétien, le sarrasin symbolisait l'infidèle, le diable, et inversement l'attitude des musulmans envers le chrétien le vouait à une infamie similaire. Cela revient à dire que l'imagination du monde, dans ces conditions, obéit à mes propres transparences, correspond à mes propres modèles. En opposition, l'imaginaire cesse de vouloir fabriquer à partir de constituants ressortant de l'époque pour imaginer le monde en dehors des références à mon propre système de pensée. »* Il conclut : *« L'imaginaire a l'intuition de l'ailleurs, de ce qui n'est pas moi et qui est différent de moi. Il crée, c'est-à-dire me propose à moi-même un horizon qui me prolonge et en même temps me dépasse et m'altère. Mon imaginaire me change quand mon imagination me confirme en moi-même, renforce la certitude de mon point de vue. C'est là une différence fondamentale. »*

Ce commentaire me semble ouvrir parfaitement le débat sur la question de *« l'imagination au pouvoir »*.

En fait, la considération d'Edouard Glissant tient au fait que l'imagination est, qu'on le veuille ou non, entièrement dépendante des pouvoirs en place. Elle apparaît dès le départ soumise au système d'évaluation qui exprime de soi, clés en main, le point de vue de l'époque. Seules la résistance et la lutte contre les diktats de l'idéologie conduisent à se questionner. C'est à l'imaginaire qu'il revient d'écarter les formes et contenus produits par une programmation culturelle qui n'a aucun scrupule à célébrer l'imagination au pouvoir. L'imagination est bien au pouvoir, mais pour quelle cause? Ces divergences de sens qui séparent l'imaginaire de l'imagination révèlent implicitement que la publicité, la télévision, et toutes les formes d'expressions qui composent la narration dominante utilisent « *l'imagination au pouvoir* » pour promouvoir les images idéales du marché. C'est pour cette raison, entre autres, qu'Edouard Glissant, avec l'idée de mondialité qu'il oppose à la mondialisation économiste, propose implicitement de faire de l'imaginaire une alternative à une imagination qui n'a aucun scrupule à soutenir l'uniformisation par le bas. J'en déduis, au passage, que dans cette acception, le vocable *imaginaire* renvoie au verbe *créer*, à la créativité, en opposition au substantif *imagination* qui se référerait plutôt à l'*œuvre finie* (la création). Je développerai un peu plus loin cet argument, pour l'instant, je me bornerai à noter que l'imaginaire opère plutôt dans le cadre de la

créativité (connaissance en acte), tandis que l'imagination se réfère à la création avec un grand C.
Voilà qui est posé.
Je me propose maintenant de me livrer à un repérage expéditif des espaces et des terrains où émergent des idées, des moments privilégiés, des conjonctures inédites touchant à la relation imaginaire/imagination.

II. Le théâtre des opérations (terroirs, saveur et savoir)

Par *terrain*, j'entends très précisément un théâtre des opérations, à qui dans un premier temps je prête le sens précis que lui donnent les militaires : « *terrain des luttes où les armes décident du sort des combattants* ». Au plan de la vie en général, c'est le devenir humain qui se pose alors. Question de vie ou de mort. Dans cette acception, le théâtre des opérations exprime toutes les scènes sur lesquelles se joue le devenir des femmes et des hommes à une époque donnée. Mon propos avec ce texte est de circonscrire cette scène où la question de l'imagination au pouvoir peut être distancée des réalités brouillonnes de l'époque, et ceci dans le but de rendre perceptibles les problématiques touchant à la relation imaginaire/imagination. Un mot se présente d'entrée de champ : le terroir, un mot délimitant avec pertinence l'espace actuel des enjeux socioculturels touchant au devenir humain.

Dès la fin du XIIIe siècle, le terroir désigne un terrain considéré du point de vue de ses aptitudes agricoles, spécialement un sol apte à la culture du vin. Mais le mot signifie bien plus qu'une « *terre à cultiver* », il exprime très concrètement ce lieu du vivant où par le travail, un travail créateur, les vignerons donnent un devenir au vin qu'ils fabriquent. Le terroir, c'est la terre plus le travail humain, un travail, certes, mais en même temps, dans la durée, une culture. Le terme

« culture » est important. Dès lors qu'il est saisi dans sa relation au terroir, il se présente à la fois comme un terrain à cultiver, un lieu de travail et une scène d'expression. Sur cette scène/terroir, des acteurs, cultivateurs/vignerons, amateurs de vin, clients, savants, philosophes et poètes se retrouvent face à une interrogation qui demande à spécifier ce qu'il en est du savoir dans sa relation avec la saveur.

Savoir/saveur, la relation est capitale. Évidemment, de nos jours, le sens qui s'attache à la saveur ne va guère de soi. Quand il affleure quelques fois à la mémoire, ce n'est le plus souvent qu'en raison des inquiétants problèmes touchant à la « mal bouffe ». Il reste que le désir de saveur est sans doute le motif essentiel qui pousse au savoir et alors, en la circonstance, imaginaire et imagination reviennent au galop.

Pour en revenir au terroir vinicole, après des décennies où la fadeur des vins industriels a progressivement envahi tous les domaines de l'humaine existence, des vignerons, depuis quelques années, se sont enfin retrouvés pour redonner consistance à la saveur. C'est dans les vins naturels qu'ils sont allés la chercher. Un de ces vignerons, Jean-Pierre Robinot, oppose en l'occurrence les *« vins naturels »* aux *« vins techniques »* dont il dit qu'ils sont sans âme, sans profondeur, cultivés dans *« les lieux même où les hommes ont détruit ou presque le terroir [...]; de New York à Tokyo, le vin doit être imperturbable. »*

Convenons à la suite de ces remarques que ce n'est pas la qualité proprement dite du produit qui fixe le prix sur le marché, mais le système d'évaluation marketing basé sur des critères techniques. A partir de jugements excessivement racoleurs, le commun des mortels est aliéné à la culture des étiquettes (les *« signes sans sens »*, l'expression est de Roland Barthes). Dans cette logique, la guerre économique elle-même est perçue comme le seul théâtre des opérations où s'imposent finalement les lois et les intérêts du marché. En cela, toute appréciation, qu'elle concerne la production agricole, industrielle, artisanale, les connaissances, la science, l'art, la formation, l'éducation, se trouvera dénaturée dès le départ par le système d'évaluation marchand. Il est évident que l'expression de Mai 1968 n'a rien de commun avec les spéculations sur *« l'imagination au pouvoir »* qui préoccupent les universitaires de ce début de troisième millénaire. Mais que s'est-il passé ?

III. La langue marketing (affaiblissement des langues maternelles. Domination de la fonction phatique)

Je retiendrai d'abord que durant les trente-six années qui séparent 1968 de 2004, un langage, le langage commercial, s'est progressivement imposé comme une langue à part entière. La langue marketing s'est installée mollement mais sûrement au cœur des langues maternelles de la plupart des pays hautement industrialisés, inaugurant un type de perception que le médiatique et la publicité véhiculent désormais partout et en toute occasion. Une pensée unique a ainsi vu le jour, engendrant un entendement quasi universel, fait de simplifications sémantiques et de réductions métonymiques qui alimentent un prêt-à-penser livré clés en main à l'ensemble du corps social. Cette langue confortant le culte des *status* symboles condamne finalement tout échange oral, écrit, audiovisuel a une seule fonction, le « phatique », dont le linguiste Roman Jakobson disait qu'elle n'a pour objet que de *« donner lieu à un échange profus de formules ritualisées, voire à des dialogues entiers dont l'unique objet est de prolonger la conversation »*.
Ce commentaire, à l'origine, dénonçait l'abus de cette fonction linguistique dans la langue, fonction par ailleurs nécessaire dans la mesure où elle fait référence au contact que les interlocuteurs se doivent de nouer dans le cadre de leurs relations. En réalité, la confusion tient au fait que ce langage marketing est progressivement devenu la

langue de référence de la plupart des pays industrialisés. Au départ simple référent commercial, elle s'est convertie avec le temps en système d'évaluation de la communication puis de toute expression. Ainsi, quand j'évoque la langue marketing, je n'entends pas seulement le vocabulaire, la grammaire, la syntaxe, mais tout autant les figures de rhétoriques banalisées à l'extrême et, au niveau sémantique, leur « savoir si peu dire » qui prétend « vite fait à tout dire ».

En vérité, aujourd'hui, le phatique exprime une réalité sociale parfaitement repérable dans laquelle tous les mots, toutes les images, tous les sons sont plombés de marketing, promis à la seule apologie du profit. Où que l'on soit, à qui que l'on s'adresse, on se retrouve toujours sur un terrain contrôlé par les valeurs marchandes auxquelles toutes les productions humaines sont tenues de se mesurer. Que devient alors l'imaginaire dans cette galère ? On est bien loin des commentaires avancés au début de ce texte, bien loin des propositions d'Edouard Glissant touchant à la poétique de la relation. C'est pourtant dans ce bourbier qu'il nous est demandé de redonner de la saveur au désir de savoir, la seule opportunité, peut-être, pour accéder à un autre devenir que celui que le marché planifie jour après jour.

Ces dernières observations marquent sans conteste une position politique. Certes ! Mais si nous rejetons la condition de client qui remplace peu à peu, pour chacun d'entre nous, la condition citoyenne, nous sommes bien obligés d'inventer un autre type de politique. Le rôle du commun des mortels sur le théâtre des opérations de la guerre économique est celui de victime misérable ou pathétique. Les enjeux sont ailleurs. Dans le défi, un pari si l'on veut, de recréer une réalité citoyenne, perçue de nos jours comme une vague évocation des droits électoraux. La vérité est que l'espace public citoyen a été progressivement privatisé, transformé en espaces marchands où, le comble, il est demandé à chacun de « savoir se vendre », et somme toute de se comporter en « vendus de la terre ».

IV. Pouvoir et puissance

Dès lors, l'imaginaire s'avère bien la seule force, l'unique moyen dont le prétendant à la citoyenneté dispose pour échapper à la condition de client. Et à cet égard, il ne peut s'en remettre qu'à la créativité, et la créativité se conjugue à ce point sur les trois terrains du politique, du social et du culturel. Ce n'est qu'en agissant simultanément sur ces trois plans que les protagonistes pourront espérer acquérir une puissance susceptible de contrer le pouvoir hégémonique du marché. Je souligne le mot puissance pour l'opposer au terme pouvoir, suivant, en cela, une distinction que fit Gilles Deleuze dans une émission de son *Abécédaire* où il considère le pouvoir comme un attribut dont dispose un individu pour exercer une autorité sur ses semblables, ennemis ou amis et, d'autre part, la puissance qu'il perçoit comme un potentiel relevant de l'activité de produire. C'est à partir de l'idée de puissance que le poétique trouve à s'exprimer. On peut alors l'opposer à la Raison, quand elle se borne à « raison garder » ou plus platement quand elle cherche à « ne pas avoir tort ».

La distinction pouvoir/puissance permet, en tout cas, de mieux saisir le sens de l'invitation de Lautréamont : *« La poésie doit être faite par tous et pour tous. »* C'est l'imaginaire qui est mis d'emblée à contribution, à condition bien sûr de ne pas en faire un raccourci sémantique, signe poéteux ou pire, slogan politique. Un vocable exprime parfaitement alors le sens profond à donner à la poésie et au poétique, il s'agit de leur racine : *poïesis*. Yovan Gilles rappelle que *« Les Grecs appelaient* poïesis *(qui est devenue pour nous la poésie écrite) l'activité productrice qui est invention et création. La poïesis lie également la production d'oeuvres à la production de soi. C'est cette alchimie qui confère à tout travail son caractère poïétique. »*

Pour ma part, je considère le poïétique comme une donnée complexe, il décline un quasi paradoxe dans lequel le politique et le poétique expriment une activité commune. Immédiatement, il réfute l'idée d'une poésie au service de la révolution, qui pendant des décennies a relégué la poésie au rang de chant de gloire pour les afters des luttes politiques qui n'ont, hélas ! guère fait chanter nos lendemains. Le terme politique désigne assurément l'administration de la cité, la cité des citoyens, pas des marchands seulement, mais n'oublions pas ce mot, toujours de Lautréamont, *« la poésie doit avoir pour objectif la vérité pratique »*. C'est dans le contexte politique de cette observation qu'un imaginaire nouveau pourra émerger.

Malheureusement, il ne suffira pas de dégager l'imaginaire du cadre dans lequel la narration dominante maintient la pensée de l'époque, le plus difficile sera sans doute d'échapper aux mythes usés des Créateurs grand C qui sont supposés incarner le prestige de la nation. La solution n'est certainement pas dans un retour, « en avant comme avant ! », à des valeurs folkloriques relookées au nouveau goût du jour. C'est la créativité par tous et pour tous qui doit faire problème et alors le mot création n'aura plus besoin de majuscule.

V. La créativité

Plus que tous les mots de ce texte que j'ai essayé de dégager des sens réducteurs auxquels les accule la pensée unique, le terme créativité fait problème. Il ne m'est guère possible de restituer même sommairement les promesses qu'il peut générer. Il me semble cependant utile pour conclure de relever quelques évidences qui peuvent aider à mieux comprendre les perspectives en germe dans la créativité.

Le poïétique s'exprime sur un terrain, celui de la créativité. La créativité en cela désigne la relation qui noue un destinateur (un auteur) à un destinataire (le public). Nous retrouvons là le *« poétique de la relation »* de Glissant qui fonde finalement la réalité dénommée création. Dans un tel contexte, le public ne peut être que créateur, c'est-à-dire l'auteur d'une réponse créative, condition requise pour qu'une création puisse exister. Il n'y a pas de génie sans un public qui se rende capable d'une réponse géniale à une proposition géniale. En cela, la création est toujours le fruit commun de deux acteurs : auteur et public. Le poétique, qui émane de leur relation, manifeste la culture en acte. Par là, elle fait Histoire. C'est finalement à partir des possibles que génère la créativité que la question de l'imaginaire peut se poser. L'imagination se trouve alors non plus en position de pouvoir. Elle ne peut espérer qu'à une puissance possible faite par tous et pour tous. A moins, et ce n'est pas exclu, que quelques prédateurs (comme aiment se qualifier eux-mêmes les nouveaux maîtres du monde) s'emparent de ces idées pour en faire leur foin. Rien n'est jamais joué, ni tout à fait dit. Alors prudence !

Au lendemain du 21 avril 2002, premier tour de l'élection présidentielle, dans les pages de Charlie-Hebdo *dont il est le rédacteur en chef, Philippe Val signe un éditorial retentissant. Selon lui, la « fracture sociale » évoquée par Jacques Chirac en 1995 s'est muée en une profonde « fracture culturelle ». Dépassant les termes de l'actualité, le talent de l'éditorialiste est ici sollicité pour sonder les mouvements souterrains qui ont produit le « séisme » d'avril 2002. Que peut encore l'action culturelle dans ce paysage délabré ?*

Philippe Val

De la fracture à la rupture

Contribution : décembre 2003.

Les déçus de la gauche, rien de mieux partagé aujourd'hui que cette déception, témoignent d'une naïveté étonnante. Que cette déception soit élégamment portée par des individus de classe sociale élevée, issus par exemple de ce qu'on appelait autrefois la bourgeoisie éclairée, montre qu'elle est une dernière tentative de lien, vaguement démagogique, entre les riches et les pauvres. Et cela signifie que la culture, pour ceux qui en jouissent, est plus que jamais considérée comme un privilège un peu honteux, un moteur critique dont on répugne à se servir. Rallier le « bon sens populaire » en revendiquant les amalgames compréhensibles que font ceux qui subissent le plus violemment les inégalités est une des formes désormais communes de la trahison des clercs.

Se poser par exemple la question de l'impact de l'idéologie sportive sur la mentalité des sociétés passe pour l'expression d'un mépris du peuple. Ne pas toucher aux rêves. Ne pas désespérer, non plus Billancourt, mais l'ANPE. Ne pas susciter le *zapping.* Si, par facilité, on remplace tous les savoirs minimums partagés et acceptés communément par le mot « culture », alors la fracture la plus terrifiante n'est pas la fracture sociale, mais la fracture culturelle. Culturellement, l'Europe est devenue un pays du tiers-monde. Personne ne l'a prémédité. Même une certaine droite est inquiète du phénomène. Le « marché » comme horizon ultime produit à un rythme effrayant une misère « culturelle » qui laisse une écrasante majorité d'individus – c'est-à-dire la masse contenue dans l'expression « mass media » – dans l'incapacité de concevoir le moindre sens à la médiation politico-culturelle. S'il fallait réécrire *Les Misérables*, il faudrait y inclure un nombre extravagant de riches qui vivent en dessous du seuil de pauvreté intellectuelle, incapables de trouver le moindre sens à cette médiation. La gauche et la droite sont également coupables de l'effondrement de la politique. La droite parce qu'elle n'a pas su mesurer les conséquences des gages donnés à l'extrême droite, et la gauche parce qu'elle a négligé son rôle historique consistant à enrichir sans cesse le collectif et à travailler pour améliorer le contenu de la médiation. L'avènement des conseillers en communication en est d'ailleurs le signe déprimant. Leur rôle consiste à manifester du consensus là où la conviction est nécessaire, à aplanir les différences là où elles doivent saillir et à opacifier les projets et les actions des hommes politiques quand l'éclairage des différences est indispensable.

Soixante millions d'habitants, autant de radios, de télés, et les grands quotidiens nationaux plafonnent à 800 000 lecteurs, les livres et les films à succès, exceptionnellement, font le double… On pourrait multiplier les exemples… Plus de cinquante millions de personnes ne disposent ni des mots ni de l'éducation nécessaires pour participer à l'élaboration de la médiation minimum. On le voit dans le discours de Le Pen : la politique, la culture, le fisc, les intellectuels, la bureaucratie de l'Education nationale, du ministère de la Culture, la justice internationale, toutes ces choses compliquées sont devenues une sorte de territoire inconnu, inconcevable pour l'ignorance quasi générale. Le marché comme préoccupation primordiale, avec la médiocrité qu'il engendre automatiquement, fabrique non seulement de l'ignorance mais de l'inconnu, et, cet inconnu, c'est précisément la médiation vidée de sens. L'inconnu fait peur. De chaque côté de cet inconnu s'entassent la haine et l'incompréhension réciproques. Entre les masses en voie de lepénisation et la petite minorité qui conçoit et défend encore la médiation s'est ouvert un gouffre tel que, de chaque côté, chacun pense qu'il n'a plus rien à voir avec l'autre. Oui, notre stupéfaction – celle des électeurs de Le Pen et la nôtre – devant le résultat du premier tour de l'élection présidentielle de 2002 est bel et bien la preuve de notre incroyable aveuglement quant à l'état réel de la société, alors que nous sommes censés disposer de tous les moyens d'information… « Comment disqualifier le fascisme ? » n'est même plus la bonne question si elle ne sert qu'à accomplir un tour de passe-passe qui nous installe du côté du bien et nous exonère de tout le mal. La fluidité de nos systèmes de communication a ruiné ce que nous devons nécessairement avoir en commun, au lieu de le renforcer. Qu'elle n'ait massifié que notre médiocrité mérite réflexion.

Les déçus de la gauche considèrent la gauche comme une écurie de course ou comme une équipe de foot. Ils en jugent comme de la défaite d'une équipe qui a un mauvais coach… Mais la politique, qui est exclusivement un art de la négociation, n'a rien à voir avec le sport, qui est exercice de la performance.

Le grand enjeu de la gauche, c'était évidemment la culture. En donnant ce ministère à Jack Lang, le président Mitterrand savait ce qu'il faisait. Il mettait à ce poste stratégique un homme visible. Un homme passionné par la visibilité et parfaitement conscient qu'il serait la vitrine la mieux éclairée du gouvernement. Un homme suffisamment cultivé – ce qui n'est pas toujours le cas des titulaires de ce poste –

pour comprendre que de ce prestigieux promontoire on pouvait agir sur une partie essentielle de l'histoire européenne de l'après-guerre.
L'arc historique qui va de la guerre de 14 aux attentats du 11-Septembre, et qui n'a pas achevé sa course, couvre une période aussi cruciale que le passage de l'époque médiévale à la Renaissance. Les valeurs, les mentalités, le fonctionnement de l'Etat connaissent aujourd'hui une mutation radicale. Le ministère de la Culture dirigé par Jack Lang arrive à un moment où des mots essentiels changent de sens, comme, à la fin du Moyen Âge, les mots dieu, loi, foi, bien, mal et univers changeaient de sens.
À la fin de notre ère moderne, c'est le mot culture qui change de valeur et de sens. La mutation majeure du mot culture est la conséquence d'un événement considérable. Jusqu'à la découverte des camps d'extermination nazis, le mot culture était chargé d'une énergie salvatrice. Les Lumières l'avaient érigé en un barrage contre la barbarie, que les événements de la guerre ont rendu aussi dérisoire que celui que Marguerite Duras fait construire par la mère de la narratrice dans son premier roman, qui est également une histoire de l'effondrement lamentable de l'exportation coloniale des Lumières : *Un Barrage contre le Pacifique*. Nos sociétés démocratiques, en partie fondées sur l'idée que la culture sublimerait tout le mal, ont vu leur rêve se briser dans les yeux des survivants des camps de la mort. Elles ont dû avaler en s'étouffant des réalités terribles. Eichmann, qui, lors de son procès à Jérusalem, cite Kant. Les SS qui font jouer des trios de Schubert à des musiciens juifs avant de les assassiner. Le peuple de Goethe et de Schiller, celui qui chante à tue-tête, dans une tempête de violons vibrant d'harmonies géniales, *Alle Menschen werden Brüder*, qui ourdit le plus glacé des assassinats... La mélancolie, la désillusion, la perte des maigres certitudes, la critique erratique des pratiques culturelles ont été le lot des penseurs de l'après-guerre.
Jusqu'à cette époque, on a nourri l'illusion que l'intellectuel – mot

dont Valéry, dans *Monsieur Teste*, échoue vertigineusement à trouver la définition – et le prince formaient un couple. Le despote éclairé du XVIIIe siècle, fréquentant Diderot et Voltaire, a précédé le président de la République ami du philosophe, de l'écrivain, du poète. Ces derniers se sont longtemps bercés de l'illusion qu'ils modifiaient le pouvoir… On ne pouvait guère imaginer en France, jusqu'à une époque récente, un chef de l'exécutif qui ne cultive pas l'amitié de lettrés… De Gaulle avait mis Malraux comme passeur entre le pouvoir temporel et le pouvoir des lettrés. Pompidou se piquait d'art moderne et de poésie. Sous Giscard, les relations avec le monde intellectuel se sont distendues encore plus.

Mitterrand et Lang témoignent d'une inquiétude du pouvoir face à cette fracture. Ils ont visiblement l'intuition que la culture ne s'épanouit pas sous le régime du droit commun. Qu'elle est sans doute une sorte de port franc de la démocratie, et qu'elle nécessite de discrètes exceptions et des sacrifices collectifs qu'elle ne semble pas toujours mériter. Il faudra donc convaincre le peuple de la légitimité de certains aménagements dont le bénéfice est incalculable, imprévisible, voire hypothétique.

On pourrait donc dire que la tâche de Jack Lang se heurtait à deux difficultés. Élaborer un discours pour tenter de redonner une légitimité indiscutable à une culture dont l'histoire récente avait brisé les ambitions idéales. Et défendre devant l'opinion, par des arguments raisonnables, une politique culturelle impossible à justifier avec la pure raison, l'acte de foi tenant lieu de preuve. C'est sans doute ce qui l'a souvent poussé à avoir recours à un lyrisme qui a fait beaucoup sourire. Mais comment convaincre autrement, pour le prix unique du livre par exemple, un peuple amoureux des bonnes affaires qu'en réalité il fallait qu'il renonça au discount dans son propre intérêt? Dans ce cas précis, d'ailleurs, l'opération politique a réussi, puisque cette loi a sauvé quantité de librairies.

Mais le monde continuait sa mutation. Mitterrand lui-même, pourtant très soucieux de la richesse culturelle de la nation, s'est laissé convaincre par son collègue italien Bettino Craxi de laisser Berlusconi fonder La Cinq en France. On peut voir dans ces deux faits – le prix du livre et La Cinq – le tiraillement entre le désir de réduire la fracture culturelle et la facilité de céder à un air du temps anti-intellectuel en jetant la culture dans la gueule de l'ogre marketing. Le ministre, d'ailleurs, avait réagi vivement à ce lâchage de son président.

En fin de compte, s'il est concevable d'être déçu par la gauche, c'est peut-être parce qu'elle a échoué à réduire notablement la fracture culturelle. Et pourtant, ce n'est pas faute d'y avoir travaillé. La volonté et les réussites dans ce domaine ont été réelles. Le cinéma français a survécu, par exemple. Le pouvoir politique a fait beaucoup d'efforts pour ne pas laisser végéter à la marge des formes d'expressions nouvelles, dérangeantes, impopulaires. Mais l'inquiétude sociale, fondée sur une croissance des inégalités, a encore une fois contredit l'idée que la culture rendait la vie plus belle. Elle fut accusée d'être un cache-sexe de la politique de rigueur du gouvernement. Les problèmes économiques ont toujours raison, et, quand ils se manifestent, la culture est toujours exilée dans une cour de récréation dont on s'occupera plus tard. Il aurait sans doute fallu que dans les cendres du désenchantement d'après-guerre s'élaborent de nouvelles relations entre l'individu et la culture. Une relation démentant systématiquement sa justification exclusivement marchande. Privilégiant l'offre sur la demande. Cultivant l'appropriation intime des œuvres. Développant l'apprentissage de toutes les lectures possibles des productions de l'esprit : textes, images, sons, volumes… Eclairant, pour l'éviter, la relation entre l'acteur et le consommateur passif, afin de mettre en évidence que toute assimilation et tout approfondissement de la connaissance d'un nouveau langage – plastique, musical, littéraire… – sont un gain net en liberté, et en possibilité d'accroissement du bonheur individuel. Et puis, en réponse à la question *« La culture nous protège-t-elle de la barbarie ? »*, une proposition modeste, mais évidente : sans la culture, ce serait encore bien pire. L'assassin fin et cultivé est une curiosité. Il existe, mais comme une exception à la règle des brutes et des soudards. Il existe, mais, étrangement, comme un argument suicidaire de la culture contre elle-même.

Mais s'il n'y a guère de lien entre le nazi qui fait jouer un trio de Schubert par des musiciens qu'il va assassiner et le téléspectateur moyen d'un *reality show*, ils ont quand même au moins deux points communs. D'abord, ce sont tous les deux des êtres humains, ce qu'il serait dangereux d'oublier, ensuite, ils sont évidemment passifs devant le spectacle qui se déroule devant eux, et auquel leur propre imagination prend très peu part. Ils aiment ce qu'ils consomment comme des bébés monstrueux tètent et ingèrent une jouissance qui ignore le processus qui consiste à se modifier au contact de l'œuvre. Seul ce processus est capable de produire la critique et l'identification nécessaires à la construction d'un lien de sympathie et de solidarité humaine entre soi et tout ce qui rend possible la manifestation de l'œuvre. Il y a dans la manière passive de percevoir la culture quelque chose d'identique à la façon dont la pornographie se donne à voir. C'est-à-dire en grippant toute activité de l'imagination par une stratégie d'occupation totale du champ du sens. Le public qui n'a pas une part personnelle dans l'accomplissement de l'œuvre ne remplit pas son rôle de public. Le lecteur qui n'est pas poète – c'est-à-dire un peu de l'auteur – en lisant Verlaine n'est pas un véritable lecteur de Verlaine. Il n'est pas une auberge où il faille davantage apporter son manger que la culture. Elle est même le lieu précis où le spectateur est fermement convié à déployer en lui-même l'excellence qui s'exprime devant lui.

Les ministères successifs de Jack Lang ont été ceux de l'urgence à réduire une double fracture entre le peuple et la culture et entre le pouvoir et la culture. Que son action soit jugée géniale ou aberrante

est une autre histoire. L'échec de la gauche a entraîné avec lui le fragile travail de l'ambulancier.
Avec la victoire d'une droite dont le triomphe est dû à la montée de l'extrême droite, ce n'est plus d'une fracture qu'il s'agit, mais d'une rupture. Aussitôt arrivée au pouvoir, cette nouvelle race de gouvernants formés dans les écoles de commerce – ce qui est une nouveauté dans la République – n'a eu de cesse de manifester son mépris pour toutes les formes de création. De leur idéologie risquophile, ils ont paradoxalement retranché le salutaire danger que l'intelligence et la créativité font toujours courir au pouvoir…
Les années Lang se dissipent derrière nous comme un mirage, ou comme l'écho d'un dernier plaidoyer en faveur d'un humanisme dont le sens est devenu indéchiffrable à la majorité, en tant, d'ailleurs, qu'elle est la majorité – les individus, pris un par un, pensent toujours différemment. Mais nous ne sommes informés sur nous-mêmes que par nos opinions massifiées, car ce n'est que sous cette forme qu'elles servent utilement à justifier les aberrations du pouvoir. Qu'on en rit ou qu'on en pleure, qu'on s'en moque ou qu'on le regrette, les faits sont là. Désormais, le chercheur, l'artiste et l'enseignant sont seuls face à un pouvoir ouvertement hostile, qui a dépassé le stade de l'indifférence agacée pour entrer dans le clair désir de profiter du ressentiment populaire contre « les intellos » et accomplir une révolution conservatrice consistant à promouvoir un système où la vie n'est rien et la rentabilité, tout. Le loisir et le folklore, ces deux monstres répétitifs, seront choyés et admis à la Cour. Le reste est condamné à l'exil et à une solitude dont il faudra bien faire quelque chose. On peut toujours se consoler avec la vision romantique du créateur qui puise son énergie dans sa relégation. Mais, en réalité, il n'y a rien à attendre de bon de cette marginalisation de l'imprévisible et de l'incalculable. Le roi de Thèbes a payé cher pour avoir chassé Dionysos de la cité. Il faudrait rendre

obligatoire la lecture des *Bacchantes* d'Euripide dans les écoles de commerce. Tout y est : le refus d'intégrer le métèque, la haine du cosmopolitisme et des lois universelles que produit la raison quand elle arrive d'horizons divers, l'imbécillité du culte des origines, la joie et l'ivresse considérées comme menace pour un ordre qui ne fait qu'un avec le désir de pureté ethnique. Quant au cataclysmique retour du refoulé – la vengeance de Dionysos – de la guerre de 14-18 à l'effondrement des tours de New York, on n'a pas fini d'en subir les conséquences.

Si l'activité créatrice peut se résigner à être minoritaire, elle ne doit jamais accepter d'être marginale. La place de l'art, de la recherche, de la spéculation intellectuelle, c'est au cœur de la cité. C'est une question de vie ou de mort, littéralement. Reste à trouver les mots qui prouvent à l'évidence qu'il s'agit là d'une nécessité du même ordre que celle de l'air pour la respiration.

« La création artis
« Pas de cultu

L'Artiste au centre ? / Une politique culturell

3.

L

« Une telle assemblée en ces lieux… » /
ue n’est pas l’ornement de la société… » /
ans lutte contre tous les refoulements… »

noderne / La Conciliation des contraires

ommeil des muses / Ce n’est qu’un début

frontières

Le colloque de la Sorbonne organisé le 13 février 1983 s'inscrit dans la droite ligne des réunions de Mexico organisées sous l'égide de l'Unesco sur le thème des rapports entre développement et culture. Il en est à la fois une suite et une reprise dans un contexte où l'on songe déjà du côté de l'Elysée au virage de la rigueur : le « principe de réalité » consiste alors à arrimer l'horizon de l'alternative culturelle aux nécessités de la croissance économique. Dans ce contexte, François Mitterrand réitère son appel à l'innovation et à l'imagination, définissant par là même l'idéal d'une voie française spécifique.

archive

François Mitterrand,

« Une telle assemblée en ces lieux... »

Allocution prononcée lors du colloque de la Sorbonne du 13 février 1983, « Création et développement ».

« [...] Une telle assemblée, en ces lieux, a déjà valeur de symbole. D'abord par sa composition : se trouvent ici réunies les disciplines intellectuelles les plus différentes : économistes, syndicalistes, industriels, artistes, écrivains, savants, techniciens, philosophes, chacun à sa façon, créateur.

Certains ont pu regretter, au cours de ces journées, son caractère composite ; j'y vois, au contraire, un signe de richesse, une promesse pour l'avenir. Finie l'époque où le savant et l'artiste, campant chacun sur son territoire, s'ignoraient l'un l'autre, comme appartenant à deux mondes étrangers.

Saint-John Perse observait à propos du savant que *"toute création de l'esprit est d'abord poétique"*, et ajoutait : *"De cette nuit originelle où tâtonnent deux aveugles-nés, l'un équipé de l'outillage scientifique, l'autre assisté des seules fulgurations de l'intuition, qui donc plus tôt remonte et plus chargé de phosphorescence ? La réponse importe peu. Le mystère est commun et la grande aventure de l'esprit poétique ne le cède en rien aux aventures de la science moderne."* [...]

"Création et développement", tel est le thème de vos échanges de vues. Mais prenons-y garde.

Le mot "crise" est lui-même impropre à qualifier les orages d'aujourd'hui. Il pourrait donner à penser qu'après la tourmente, notre société reviendra à son état antérieur. Or, nous savons que ce n'est ni possible, ni souhaitable. D'où l'erreur des théories économiques qui reposent sur l'espoir d'un retour à la croissance sous ses formes anciennes, alors que le plein emploi sera fondé sur des données nouvelles : sur le partage du savoir et du travail, sur la mise en valeur de l'intelligence de chacun, sur la ressource humaine au sein de chaque peuple.

Les doctrinaires de l'économie nous proposent des recettes qui ne réussissent nulle part. Le libéralisme mené à son terme logique conduit à la faillite du système qu'il prétend protéger. On en connaît les effets : chômage accru, disparitions d'entreprises, souffrances du plus grand nombre et soumission de tous à quelques-uns réputés les plus forts parce que les plus riches. Et le dirigisme d'Etat, la bureaucratie appliquée n'ont abouti à rien non plus. Ce sont là des systèmes engourdis qui répètent sans fin les notions fanées du siècle précédent.

Tirons-en la leçon. A la veille du troisième millénaire de notre ère, une attente angoissée habite à la fois les pays industrialisés, les pays du tiers-monde, les peuples riches et les peuples pauvres, les vieilles nations et les nations jeunes. Après les saisons du dogme et de la répétition, revient une fois encore le temps de l'invention. Quand les faits ne répondent plus aux schémas, quand les réponses reçues ne rendent compte de rien, le réalisme le plus vrai se place auprès de l'utopie. [...]

Je citerai de Lewis Caroll ce conte minuscule : *"Il était une fois une coïncidence qui était partie en promenade avec un tout petit accident : ils rencontrèrent une explication, une très vieille explication, si vieille qu'elle était courbée en deux et ratatinée et qu'elle ressemblait plutôt à une devinette."*

Après deux siècles d'asservissement d'abord des travailleurs, puis

d'approximations pour les en libérer, nous apprenons qu'il est possible et nécessaire de travailler et de produire différemment. Cela ne se fera pas d'un coup. Face aux inquiétudes immédiates, les gouvernements devront apprivoiser les facilités nouvelles. La robotisation, l'automatisation et, dans certains cas, une autre répartition du travail menacent de faire apparaître le chômage comme la brutale conséquence du progrès technologique, les métiers se démodent vite, des régions sont contraintes à la reconversion. Or, voici que se trace pour l'homme, jusqu'ici entravé, la perspective – et on lui en montre l'exigence – du renouvellement et de la mobilité. [...]
L'innovation est devenue un devoir. A ce titre, la culture et l'enseignement ont pour mission de préparer l'esprit à la naissance des possibles et, pour cela, d'assurer une éducation perpétuelle de la disponibilité. [...]
Ainsi la création devient facteur de développement et les activités culturelles s'affirment parmi les secteurs en expansion autour desquels s'organise l'avenir. Une meilleure répartition du travail, le renouvellement de la formation professionnelle, le temps libre ou choisi leur ouvrent des espaces neufs. [...]
L'originalité du projet français se situe à cette intersection : investir dans la formation technologique et, d'un même mouvement, investir dans la création artistique et intellectuelle. [...]
Il convient pour cela de joindre les deux bouts de la chaîne : d'un côté les investissements industriels les plus modernes, de l'autre l'imprégnation par l'esprit de création de toutes les fibres de notre société. Notre projet résulte d'une conviction : les industries de la culture sont les industries de l'avenir. Industries de la communication ou industries du savoir, industries de programme ou industries de loisirs, nous pensons, j'y insiste, qu'investir dans la culture, c'est investir dans l'économie, que c'est du même coup dégager l'avenir et contribuer de la sorte à rendre à la vie tout son sens.

C'est pourquoi je veux associer les chercheurs et les créateurs, premiers artisans du changement, à notre œuvre de redressement national. Ils sont de plus en plus présents à tous les échelons de l'Etat : les uns participant à des commissions de travail, d'autres assurant des tâches dans l'administration, certains appelés à de hautes fonctions. J'estime qu'aucune disposition nouvelle ne doit être décidée sans qu'elle ait été précédée de l'appel à leur contribution imaginative et critique. Ainsi pour l'élaboration de notre politique de la recherche ont eu lieu des états généraux qui dans toute la France ont réuni des hommes de sciences. De même pour notre politique culturelle, dont les actes sont précédés de multiples consultations et doivent l'être davantage.

Au nom de la France, je lance un appel solennel à tous les créateurs, à tous les chercheurs, à tous ceux qui, dans les entreprises, exercent leur part de création. Il ne peut y avoir de développement sans invention, sans risque, sans intelligence. L'homme ne pourra plus, dans une société de savoir généralisé, accepter de travailler sans créer ni participer aux décisions.

Mais l'Etat ne peut ni ne doit régenter les forces de l'imagination. Il appartient aux créateurs de reprendre dans le développement de nos sociétés leur rôle d'initiation et d'interpellation.

J'invite les hommes, les femmes de culture à venir partager leur savoir, à s'associer plus que jamais à la vie de la communauté. La cité tout entière en sera changée et peut-être même le sens profond de la politique.

J'invite les chercheurs à participer davantage aux responsabilités de la vie quotidienne, à tisser des liens nouveaux avec l'entreprise et à promouvoir le goût croissant de connaître.

J'invite les entrepreneurs et les travailleurs à affirmer leurs propres dimensions et à proclamer fièrement leur utilité sociale et leur rôle moteur. Produire et consommer, travailler et fabriquer, innover dans

les techniques et les relations, c'est participer à la mise en place d'une société de création.
J'invite tous les citoyens par-delà cette salle à prendre en charge leur propre culture, à ne jamais accepter la culture comme un modèle imposé, contraire aux aspirations de la vie.
Mais je demande qu'on me comprenne bien. Je n'invite personne à fermer les yeux sur le monde qui nous est donné aujourd'hui.
Nous avons à le transformer, pas à le fuir, moins encore à le nier. Sachons, face à lui, conserver la force de notre étonnement. Pour reprendre la parole de René Char : *"Nous ne serons jamais assez attentifs aux attitudes, à la cruauté, aux convulsions, aux inventions, aux blessures, à la beauté, aux jeux de cet enfant vivant près de nous avec ses trois mains et qui se nomme le présent."*
En ces deux journées vous aurez, chers amis, donné corps et âme à un message neuf. Ecoutons René Char et sachons regarder en face le soleil levant. »

Au sein du même colloque, le parti des artistes est rassemblé grâce à la conjonction des réseaux accumulés par le triptyque Mitterrand – Attali – Debray au lendemain de 1968, et des réseaux plus propres à Lang, en particulier dans le spectacle vivant et le cinéma. Fort de son engagement pour la musique contemporaine, Maurice Fleuret s'impose comme un illustre défenseur de la création en tant que ferment de contestation de l'ordre établi. En charge de la Direction de la musique et de la danse au ministère de la Culture de 1981 à 1986 et inspirateur de la Fête de la musique, il prend la parole pour faire valoir une conception largement partagée par l'assistance du rôle de l'artiste dans la société.

Maurice Fleuret,
« La création artistique n'est pas l'ornement de la société... »

Allocution prononcée lors du colloque de la Sorbonne du 13 février 1983, « Création et développement ».

« La création artistique n'est pas l'ornement de la société, elle en est la conscience. Elle n'est pas oubli mais éveil. Elle n'est pas plaisir mais douleur, douleur devant l'inconnu, la question posée, le mystère. La société bourgeoise a intégré les valeurs culturelles de la société de cour pour ne faire que des objets d'ordre et de profit. Cependant, les créateurs ont développé la vertu critique de leur art, rompu les barrières esthétiques qui les contenaient, multiplié les langages pour échapper à la récupération. Pour la première fois dans toute l'Histoire, nous vivons sans théorie dominante.

Mais, dans le même temps, le mélange des genres et des techniques a amené le créateur à concevoir moins des objets chaque fois uniques que des modèles généraux, des matrices capables d'engendrer des familles d'œuvres, et cela même dans des disciplines différentes. Ainsi l'artiste d'aujourd'hui est-il plus que jamais un démiurge au sens plein du terme et, à ce titre, d'abord un philosophe et donc un penseur de la société (*cf.* Cage et Xenakis en musique). La technologie moderne, en particulier l'informatique, lui permet de traiter des ensembles de plus en plus vastes, de plus en plus fins et de produire des œuvres de moins en moins assujetties à la nature d'un seul matériau, des œuvres globales qui ont valeur axiomatique.

La société que nous voulons construire sera celle de l'équilibre entre ce pouvoir démiurgique de quelques-uns et le pouvoir enfin libéré de chacun de créer par et pour lui-même. Cela implique, d'une part le rapprochement du créateur professionnel du groupe auquel il s'adresse (insertion sociale, activités de fonction...) par des dispositions semblables à celles de la décentralisation qui rapproche le pouvoir politique du citoyen, d'autre part la mise à la portée de tous des moyens nécessaires à la création individuelle ou collective.

L'Histoire nous montre que les sociétés où la création est la plus répandue sont celles où la violence est la mieux canalisée [...]. Mais, outre l'accomplissement individuel qu'entraîne le fait de s'investir dans l'acte de création et de se projeter dans l'objet créé, il y a là un facteur de développement de la communication (chacun créant pour l'autre) et d'élaboration de la conscience collective nécessaire à l'évolution de la société (se connaissant mieux, le groupe est plus à même de choisir son destin). »

Organisé sous les hospices de la présidence de la République par le duo Jacques Attali – Jack Lang, le colloque de la Sorbonne réunit le gotha international des intellectuels de gauche et des artistes « engagés » proches de la gauche mouvementiste, tiers-mondiste et de l'Internationale socialiste. Face à ce parterre, Hélène Cixous, écrivain et intellectuelle, propose une vision d'une politique culturelle d'un âge nouveau, fondamentalement « dépaternalisée » et conçue selon un principe de stricte démarcation : là où le geste de l'artiste s'amorce, la parole de pouvoir doit s'effacer.

Hélène Cixous,

« Pas de culture sans lutte contre tous les refoulements... »

Allocution prononcée lors du colloque de la Sorbonne du 13 février 1983, « Création et développement ».

« Pas de culture sans lutte contre tous les refoulements ; contre toutes les hégémonies : d'une langue sur l'autre, d'une race sur d'autres. D'un sexe sur l'autre. C'est pourquoi, ici, aujourd'hui, deux urgences s'imposent à moi : d'abord l'urgence de remarquer l'évidente presque absence de femmes ici. Présence forte mais minime en nombre qui doit être encore une fois regrettée. Nous, femmes arrivant ici, en petit nombre, nous nous sentons aussitôt chargées de notre être-femme, gardiennes de notre Histoire, solidaires de toutes celles qui n'y sont pas, par défaut de culture. (Non point par faute d'invitation. Ce ministère hérite, comme nous, des retards, des réductions infligées par toute l'Histoire du monde). Mais c'est peut-être dans les espaces culturels que l'inégalité historique est la plus éclatante, la plus douloureuse. Car si les femmes sont les primitives productrices de vie, elles sont, paradoxalement, les moins autorisées à produire des œuvres. Jusqu'à notre époque pour être agent de la culture – je veux dire "artiste" – il fallait avoir l'appui réel ou symbolique d'une instance paternelle. Avoir été un peu fils, un peu Minerve, un peu enfant bien paterné. Rares sont les femmes qui auront été les fils gratifiés. Mais c'était hier. C'était un très très long hier.

Mais maintenant aujourd'hui, il est urgent de passer à la culture dépaternalisée. Nous devons travailler à l'extension d'une culture autre, capable d'autres en réalité, indépendante de l'antique patronage (dit "phallocentrique"), une culture dont les agents n'auraient pas à recevoir la bénédiction du père ou le visa de l'Etat, qu'ils soient hommes ou femmes d'ailleurs. Une culture qui se garde rigoureusement d'apparaître comme l'empire des hommes, cesse de se contenter d'être une demi-culture et songe à la vie toute entière.
Cette culture complète, elle existe déjà çà et là, dans des régions rares et exemplaires, où, il faut le dire, elle est souvent le fait de certaines femmes. [...]

Nous avons aujourd'hui, en ce pays, un ministère de la Culture qui avance, qui – on peut s'émerveiller d'ailleurs – aime la culture ! C'est une bonne chose. Il est bon pour les gens de culture de se sentir appréciés plutôt que dépréciés ou même haïs comme ce fut si souvent le cas, par ceux qui sont ses interlocuteurs légaux.
Cependant, si une telle reconnaissance est nécessaire, elle doit savoir où s'arrêter. Elle ne saurait d'ailleurs, si un juste usage de la reconnaissance est établi de toutes parts – part de l'Etat, part des artistes –, entamer ce qui, dans toute création, reste, doit rester, dans la clandestinité. Ce n'est pas à l'art de reconnaître et de légitimer un Etat. C'est à l'Etat, s'il est raison, d'admettre que l'art ne peut servir que le vrai, qui est passion. Les pouvoir faire doivent rester séparés [...]. »

Critique d'art, l'un des organisateurs des états généraux des arts plastiques de Créteil du 21 novembre 1981, Jean-Luc Chalumeau a contribué à la mise en place d'une politique de concertation des artistes plasticiens. Témoin privilégié de l'effervescence des années 1980, il garde néanmoins en mémoire la période de gestation de la politique culturelle, et notamment les années 1970. La promesse de placer « l'imagination au pouvoir » impliquait-elle le renouvellement du dialogue entre l'artiste et le pouvoir politique ? Au regard du contexte de l'époque, quelles étaient les limites de ce projet ? En répondant à ces questions, Jean-Luc Chalumeau met à l'épreuve le projet de réaliser une relation de cordialité entre l'Etat et le monde de l'art.

Jean-Luc Chalumeau,
L'Artiste au centre ?

Contribution : octobre 2003.

Il importe me semble-t-il de rappeler qu'en 1981, le dialogue n'était pas à « renouveler » mais à créer, car il n'existait en aucune façon au cours de la période précédente. Il faut remonter une dizaine d'années avant l'arrivée au pouvoir de François Mitterrand, ami des artistes, et comprendre les circonstances de l'échec total en la matière de l'un de ses prédécesseurs les mieux intentionnés, Georges Pompidou, qui s'était sincèrement voulu lui aussi ami des artistes. Cet échec a entraîné un divorce durable en France entre plasticiens et pouvoir politique, qui ne s'est estompé qu'au début des années 1980.

On se souvient que c'est en mai 1972 que devait s'ouvrir l'exposition *Douze ans d'art contemporain en France,* voulue par le président Pompidou désireux de mettre en valeur les artistes travaillant en France et conscient de leur relatif effacement sur la scène internationale. Première erreur : la nomination d'un jury écartant les artistes. Ce jury, présidé par François Mathey, conservateur du musée des Arts décoratifs, était chargé de désigner les soixante-douze créateurs plasticiens les plus représentatifs des différentes tendances de l'art en France. Le projet se voulait sympathique : il engendra une véritable tempête.

François Mathey est assisté de François Barré, Jean Clair, Daniel Cordier, Maurice Eschapasse, Serge Lemoine et Alfred Pacquement, c'est-à-dire six « experts » et aucun artiste. Depuis le début de l'année, le milieu de l'art n'appelle plus l'exposition que *« l'expo Pompidou »*. En février 1972, une liste des invités est publiée et le critique Gérald Gassiot-Talabot résume l'état d'esprit de la plupart des artistes dans un article de la revue *OPUS International* qualifiant la liste de *« pénible et décevante »* : le comité d'organisation s'est contenté *« d'aller au secours de la mode la plus immédiate »* et a invité en plus quelques artistes-alibis censés montrer la largeur d'esprit des officiels. La Coopérative des Malassis fait partie de ces alibis et, non dupe, participera dans des conditions appelées à un grand retentissement.
Un peu plus tôt, le 10 janvier, quatre-vingt-quatre artistes réunis par le peintre Gérard Fromanger sous le drapeau du « Front des Artistes Plasticiens » avaient estimé en savoir déjà assez pour voter à l'unanimité une déclaration de guerre intitulée « Non à l'exposition Pompidou » qui se terminait ainsi :

« […] En conséquence, le F.A.P.,

Dénonce la vitrine-alibi du Grand Palais, destinée à masquer la triste réalité du désert culturel.

Proteste contre la conception secrète, autoritaire et élitiste qui préside aux choix d'un comité dont la principale préoccupation paraît être d'empêcher les artistes de s'occuper de leurs propres affaires.

Demande à tous les artistes de s'unir pour une contre-manifestation, cadre de leur mobilisation, de se refuser à cautionner une entreprise dont les objectifs politiques ne sont que trop évidents et dont le résultat le plus clair serait de les diviser, but ouvertement recherché par le pouvoir.
Propose qu'une exposition véritablement représentative soit organisée par les artistes eux-mêmes, sans aucune censure, et sans condition politique. »

La Jeune Peinture, dont le salon annuel, exclusivement géré par les artistes, avait été à peu près seul à animer la vie artistique en France autour de 1968, n'était pas en reste : il se réunissait en assemblée générale le 13 janvier, et publiait un texte appelant à l'unité de tous les artistes et au boycott de « l'expo Pompidou ». Le résultat, c'est qu'un nombre appréciable de plasticiens connus pour être des représentants importants des avant-gardes en France, inscrits sur la liste du comité d'organisation, refusèrent sèchement de participer : Aillaud, Arroyo, Rancillac, Cremonini, Martial Raysse, Buren, Mosset, Toroni, Sarkis, Louis Cane et les autres membres du groupe Support/Surface etc… Les Malassis avaient malicieusement accepté pour pouvoir exposer *Le Grand Méchoui,* provocation en cinquante tableaux sans nuance, montrant notamment un Pompidou grossi par un épais matelassage de billets de banque et essayant de masquer des rats en train de festoyer. A la fin du cycle, une pancarte annonçait *« suite de l'exposition »*.

En l'occurrence, cette suite aurait lieu le jour même du vernissage, le 16 mai, à l'extérieur du Grand Palais. La foule des invités avait beaucoup de mal à entrer car un groupe décidé cherchait à l'en empêcher. C'était le F.A.P. qui entendait manifester jusqu'au bout son dégoût de « l'expo Pompidou ». La situation était confuse, le désordre certain. Les artistes contestataires étaient plusieurs centaines : leurs cris et slogans faisaient d'autant plus de bruit qu'ils manifestaient dans un contexte politiquement électrique. Quelques jours plus tôt, le député Michel Poniatowski avait interpellé le ministre de la Culture à l'Assemblée nationale au sujet de cette exposition scandaleuse consacrée à de *« mauvais artistes »*. Il y avait donc aussi opposition à droite à « l'expo Pompidou » et le ministre de l'Intérieur, Raymond Marcellin, ne demandait qu'à lui donner des gages en réagissant vigoureusement contre les trublions qui contestaient de leur côté l'initiative du président de la République. Or c'était précisément le jour et l'heure où la reine d'Angleterre, en visite à Paris, devait passer sur les Champs-Elysées ! Mot d'ordre du préfet de police : disperser immédiatement tout rassemblement suspect aux abords de l'avenue. D'où une belle charge de CRS contre tous ceux qui s'agglutinent devant l'entrée du Grand Palais, artistes contestataires et invités confondus. Parmi les artistes, on compte cinq interpellations avec incarcération immédiate au poste de police du Grand Palais. Parmi le public, des dames en tailleur Chanel sont précipitées par terre sans comprendre ce qu'il leur arrive. L'une d'elles, âgée, est assez sérieusement blessée pour être transportée à l'hôpital. Sirène d'ambulance. Fureur des contestataires du F.A.P. qui réclament la libération de leurs cinq camarades. La situation semble bloquée et le vernissage compromis. Il faut faire quelque chose.

Un conseiller au cabinet du ministre de la Culture Jacques Duhamel, Dominique Ponnau (il dirigera plus tard l'école du Louvre), repère le leader du F.A.P., Gérard Fromanger, et le prie de venir négocier au poste de police. Le conseiller est en relation téléphonique avec son ministre, mais aussi avec Raymond Marcellin, qui entend obtenir le retour au calme sans condition. Jacques Duhamel est plus prudent. Quant à Fromanger, il exige la libération des interpellés et la formation d'un couloir au sein de la foule par la police, qui permettra aux artistes du F.A.P. de se retirer en bon ordre derrière les « libérés ». Dominique Ponnau comprend que la position de Fromanger n'est pas négociable. Il cède, et les contestataires font une sortie triomphale. C'est une grande victoire pour le F.A.P., et c'est aussi une aubaine pour les Malassis, tout de suite comprise par leur chef de file, Henri Cueco.

Dans la confusion qui règne encore parmi les invités, Cueco affecte de croire que la police menace toujours de charger les artistes et il donne le signal : les Malassis décrochent leurs cinquante tableaux et les font défiler avec jubilation devant les appareils photographiques de la presse et les caméras de la télévision. Devant aussi deux rangs de CRS casqués et perplexes. Après quoi, du haut des marches de l'entrée, Cueco fait semblant de lire un communiqué (il a saisi un papier blanc) aux termes duquel les Malassis proclament solennellement leur solidarité avec les *« victimes de la violence policière »* et déclarent renoncer à exposer dans de telles conditions. Formidable camouflet pour les organisateurs de l'exposition. Publicité inespérée pour les Malassis qui poussent le raffinement dans la cruauté jusqu'à décider de continuer à occuper les cimaises qui leur étaient réservées en y présentant le reportage photographique de la désormais fameuse charge de police. Alechinsky lui aussi a décroché son envoi, et Kermarrec a retourné ses toiles contre le mur. Daniel Spoerri est resté, mais en exigeant que nul ne touche à son accumulation de camemberts frais pendant toute la durée de l'exposition !

Pour le pouvoir, l'expérience de 1972 aura été catastrophique : piégé alors même qu'il croyait bien faire (mais peut-on faire le bien des artistes sans leur demander leur avis ?) il vérifiait la pertinence d'une observation de Gramsci : *« L'homme politique ne sera jamais content de l'artiste, et ne pourra jamais l'être. »* Mais l'artiste, sera-t-il jamais content un jour des hommes politiques ? C'est ce qu'on allait peut-être voir à partir de 1981, quand une nouvelle politique en sa faveur serait mise en place par Jack Lang et son conseiller (bientôt délégué aux arts plastiques), Claude Mollard, en s'inspirant d'un rapport commandé à un fonctionnaire, Michel Troche, qui présentait l'inestimable avantage d'avoir été le secrétaire général de la Jeune Peinture à ses grandes heures et membre du comité de rédaction de la revue la plus proche des artistes contestataires, *OPUS International.* Jack Lang s'avancerait avec une bonne connaissance du terrain, lui-même ayant sa propre expérience d'homme de théâtre et étant personnellement lié à plusieurs plasticiens, dont Gérard Fromanger, ancien *« leader charismatique »* (selon le mot de François Mitterrand) des artistes révolutionnaires. Le pouvoir, en se renouvelant complètement, mettait toutes les chances de son côté pour se réconcilier avec les créateurs. L'imagination au pouvoir ? Pourquoi pas, répondait d'entrée de jeu Claude Mollard qui recevait dès le 29 juin une délégation d'artistes et écoutait leurs suggestions. Mais d'abord, quelle délégation ? Non pas des personnes désignées par le pouvoir, mais des mandataires de la communauté artistique (communauté en l'occurrence formée par les deux cent cinquante présents à l'assemblée générale du 25 juin au Forum des Halles, préparatoire aux états généraux des arts plastiques qui aurait lieu le 21 novembre suivant à la maison des arts de Créteil avec deux mille participants). Je ne retiens qu'un exemple dans la discussion (à laquelle j'ai assisté). Plusieurs voix expriment alors le malaise des plasticiens face à la bureaucratie dont ils connaissent mal les méandres. On signale des cas de décisions importantes concernant la profession, mais dont presque personne n'a été informé à temps. Le ministère ne pourrait-il diffuser lui-même tout ce qui, venant de lui ou des organismes placés sous sa tutelle, serait susceptible d'intéresser les artistes ?

Claude Mollard a retenu l'idée. Quelques mois plus tard paraîtra le premier numéro du bulletin mensuel de la Délégation aux arts plastiques, *Arts info,* adressé gratuitement à 18 000 professionnels de l'art, bourré d'informations pratiques, d'un agenda (permettant de suivre à la trace les responsables de la Délégation dans tous leurs déplacements), d'une rubrique « Les femmes et les hommes » mettant à jour les nominations, transferts, changements d'affectation des partenaires institutionnels des plasticiens. Les concours pour des postes à pourvoir seront annoncés, de même que les expositions organisées par la délégation ou par les entités décentralisées. Les « adresses utiles et contacts » regroupés par régions procureront d'inestimables renseignements, qui non seulement éviteront les recherches fastidieuses, mais susciteront initiatives et rencontres. Bref : une idée simple, relativement peu coûteuse eu égard à l'ampleur du service rendu, qui matérialisera bien un lien nécessaire entre les membres de la communauté artistique. On connaît la suite : mise en place des Fonds régionaux d'art contemporain (qui ont fêté leurs vingt ans en fanfare en 2003), naissance du Fonds d'incitation à la création dans un contexte d'augmentation des moyens financiers du ministère de la Culture et d'une implication croissante des collectivités locales. Bref : depuis 1981, les artistes sont mieux considérés, même s'ils subissent encore parfois, de la part de certains fonctionnaires, des attitudes teintées de paternalisme et de condescendance qui les révulsent : les jeunes surtout, généralement bons techniciens des moyens modernes d'expression tels que la vidéo, qui n'ont pas le cuir endurci de leurs aînés, ne comprennent guère le comportement de nos officiels de la culture dont ils ne retrouvent pas l'équivalent à l'étranger.

Globalement mieux pris en compte par le pouvoir, les artistes sont-ils pour autant « au centre » ? Le fait qu'ils ne jouent qu'un rôle de figuration dans les instances les concernant (comités techniques des FRAC ou commission d'achat du Fonds national d'art contemporain, par exemple) est un signe : le pouvoir s'est peut-être mis à les aimer, mais il ne leur a concédé aucune participation réelle aux instances de décision, et il ne les a vraiment écoutés qu'au début des années 1980. Depuis, les ministres titulaires de la rue de Valois montrent les uns après les autres beaucoup de bonne volonté vis-à-vis des plasticiens, mais toujours sans organiser leur consultation de manière institutionnelle et sans non plus faire preuve de beaucoup d'imagination. Cette dernière n'aura été que fugitivement au pouvoir, au début des « années Lang ».

D'où un climat un peu morose aujourd'hui, sans aucun rapport avec l'exaspération ambiante qui expliqua le psychodrame de 1972. Peut-on appeler progrès le fait que le pouvoir n'aurait évidemment plus l'idée maintenant d'imposer seul un grand événement du type de « l'expo Pompidou » ? Prudemment, il prend désormais peu d'initiatives. Quant aux artistes ils sont devenus fort discrets. On est tenté de leur suggérer de s'organiser à nouveau, de quitter de temps en temps les ateliers pour définir ensemble leurs points de vue (dont j'imagine volontiers qu'ils ne seraient pas seulement revendicatifs : la capacité de proposition des plasticiens est grande, mais on ne le sait pas) et en confier la défense à quelques-uns d'entre eux : en supposant que le pouvoir souhaite dialoguer, encore faudrait-il qu'il ait en face de lui des partenaires représentatifs. C'est alors que les artistes pourraient enfin forcer quelques portes et se placer, sinon « au centre », du moins un peu plus près de lui...

JEAN-LUC CHALUMEAU A NOTAMMENT PUBLIÉ :
L'ART AU PRÉSENT, PARIS, UGE, 1985.

*Directrice de la rédaction d'*artpress*, revue qu'elle a cofondée en 1972, Catherine Millet est forte d'une renommée manifeste dans le monde de l'art contemporain. A l'heure de la mise en place de la politique des arts plastiques et de la transfiguration du paysage institutionnel, elle figure au premier rang des experts jouant la référence en France. De fait, n'était-elle pas sollicitée en tant qu'instance de légitimation des choix publics ? A partir de cette question, et au regard de ses souvenirs de l'époque, elle nous restitue sa vision de l'élaboration d'une politique des arts plastiques qui se voulait audacieuse et caractéristique de la grande ambition de rénovation de la politique culturelle dans son ensemble.*

perspective

Catherine Millet,

Une politique culturelle moderne

Contribution : novembre 2003.

Lorsque l'on considère rétrospectivement une politique qu'on a vue se mettre en place, les souvenirs se rapportent bien sûr aux structures qu'elle a créées, aux discours sur lesquels elle s'est appuyée, aux débats, aux polémiques qu'elle a suscités. Toutefois, ne recouvrons-nous pas souvent ces souvenirs avec d'autres, plus liés à nos sentiments personnels, plus entremêlés avec notre cheminement propre ? Ainsi, ce que je me rappelle d'abord, qui me frappa après que Jack Lang eut été nommé ministre de la Culture, c'est qu'il s'était entouré de gens dont je connaissais le nom sinon la personne, que ces gens participèrent à des commissions de réflexion, que certains furent parmi les premiers artisans de la Délégation aux arts plastiques (DAP). Cela signifiait que j'avais déjà eu affaire à eux professionnellement, ou du moins que je les avais croisés ; c'étaient des gens de terrain. Cela nous changeait des fonctionnaires lointains et obscurs des précédents ministères.

Je me souviens d'autant mieux de ces connaissances personnelles que nous étions, par rapport à elles, complètement en porte-à-faux ! (Je dis nous, parce que mes convictions idéologiques se sont toujours forgées et exprimées au sein d'*artpress* depuis que la revue existe et que, de ce point de vue, celle-ci a toujours fait preuve d'une grande constance.) Cherchant à retrouver l'esprit qui nous animait en 1981, je tire au hasard un numéro des rayons de la bibliothèque et je tombe, côté face, sur le visage de Bernard-Henri Lévy, côté pile, sur une publicité du CAPC de Bordeaux annonçant une exposition de Frankenthaler, Louis, Noland et Olitski. Au moment où un gouvernement d'union de la gauche arrivait au pouvoir, cela faisait quelques années que nous étions engagés, aux côtés des Nouveaux Philosophes, dans une critique sévère du marxisme. Et quand ce gouvernement se donnait, parmi ses priorités culturelles, celle de la régionalisation, cela faisait aussi un petit bout de temps qu'avec quelques rares autres personnes ou organismes en France (dont le CAPC avec lequel nous entretenions des liens étroits), nous nous efforcions de déprovincialiser la vie artistique française... Ainsi, quand des intellectuels trouvèrent avec le nouveau gouvernement l'opportunité d'être des intellectuels « organiques », d'autres, qui n'étaient pas de droite, se sentirent quelque peu décalés, et continuèrent d'exercer, exactement de la même façon qu'auparavant, leur fonction critique. Dans les années qui suivirent, nous enregistrâmes d'autres décalages. Nous qui avions combattu le classement X instauré par un ministre de droite et milité systématiquement contre toutes les formes de censure, il nous fallait repartir en guerre contre le projet de loi Roudy visant à interdire, dans l'art ou la publicité, les *« images avilissantes de la femme »* (cela donna, en couverture d'*artpress,* d'abord une reproduction de *L'Origine du monde* de Courbet, puis quelques mois plus tard une magnifique image de bondage). Plus spécifiquement, dans le domaine des arts plastiques, quand nos amis qui, par exemple, participaient à des commissions d'achat des FRAC, se réjouissaient de faire entrer dans des collections publiques telle œuvre d'art conceptuelle ou d'arte povera, bien sûr nous n'allions pas le leur reprocher, mais, par la pensée, nous étions ailleurs : en train de préparer un dossier intitulé « L'Art de la fin de l'art… dix ans après », ou un autre, « De la mort de l'art à la mode de l'art, et comment s'en sortir ».

Le ministère de Jack Lang était moderne quand triomphait le post-modernisme. En peinture, dans les années 1980, des mouvements se formèrent un peu partout, en Italie, en Allemagne, aux Etats-Unis, qui revisitèrent la tradition. En France, il n'y eut guère que Gérard Garouste, isolé en regard de la figuration libre. Cette dernière plaisait bien à Claude Mollard, créateur de la DAP et son premier dirigeant, parce que l'origine sociale modeste de Robert Combas ou des frères di Rosa, et leur inspiration BD, pouvait correspondre à une définition large de l'art et à l'idéologie selon laquelle tout le monde, ou presque, avait les mêmes chances de devenir artiste. Cela dit, ceux qui, sous l'égide de la DAP, commençaient à constituer des collections publiques et à organiser des expositions s'employaient surtout à une chose : rattraper le retard en matière d'avant-gardisme.
Dans ces années, j'ai passé beaucoup de temps à tenter d'expliquer, parce qu'on ne cessait de m'interroger à ce sujet, pourquoi en France il n'y avait pas de mouvement constitué (la figuration libre n'en était pas un) et peu de vie artistique communautaire (elle réapparut plus tard, un peu, avec le groupe d'artistes que défendit Nicolas Bourriaud). Etait-ce dû au fameux individualisme français ? A la dilution des critères et à la disparition d'une finalité historique, conséquences justement de l'esprit post moderne et qui allaient se généraliser dans les années suivantes ? Ce n'est pas le lieu ici de répondre, mais un effet nous intéresse. Les artistes ne constituant pas eux-mêmes un tissu social, ce sont les institutions qui ont structuré le milieu de l'art. Il me semble qu'on avait une meilleure vision

des tendances en analysant les programmes du Consortium (Dijon), du Magasin (Grenoble), du Nouveau Musée (Villeurbanne), ou encore de la Villa Arson (Nice) qu'en étant attentif aux initiatives des artistes eux-mêmes. Peut-être est-ce une conséquence paradoxale de la multiplication sur notre territoire des lieux consacrés à l'art contemporain : plus ils ont rassemblé d'œuvres pour les besoins de leurs expositions, moins les auteurs de ces œuvres ont eu à penser les rapports qu'ils entretenaient, ou n'entretenaient pas, entre eux.

La grande affaire de ces années-là, ce fut de doter les provinces françaises de lieux d'exposition pour l'art contemporain, voire de musées, et de collections publiques dignes de ce nom. Jack Lang déclara que tous les créateurs avaient le droit de *« vivre et travailler au pays »,* tandis que Claude Mollard, dans une interview donnée à *artpress*, demandait que les expositions circulent dans les régions *« là où se trouve le public »*. Ma conviction profonde est que créer est, dans tous les cas, un acte de séparation, et que *« rester au pays »* n'est pas un choix qui lui soit favorable. Quant au public de l'art contemporain, aussi bizarre que cela puisse paraître, ce n'est pas le même, par exemple, que celui du théâtre, et une méthode inspirée par celle de Jean Vilar pour le conquérir n'est pas forcément la bonne. Pour résumer, je pointerai un autre écart entre cette politique culturelle et la réalité qui se mettait en place : on s'occupait de régionalisation quand il fallait s'armer pour faire face à la mondialisation. Le moins qu'on puisse dire, lorsqu'on regarde un peu ce qui se passe à l'heure actuelle dans les salles de ventes aux enchères, ou lorsqu'on constate la crise que traverse la FIAC, c'est que la politique d'achat de l'Etat, qui avait notamment pour but de dynamiser le marché de l'art en France, et de l'aider à hisser ses valeurs propres à un niveau international, a échoué. Toutefois, heureusement, ce marché à la fois élargi et très polarisé n'est pas seul à détenir des critères d'évaluation ! C'est la raison pour laquelle il serait malsain de défendre une position exclusivement libérale et de contester aux musées publics et aux centres d'art leur rôle spécifique. En principe, ils peuvent accueillir des formes d'art qui par leur caractère éphémère, par leur défaut d'objet tangible, ou même par leur hermétisme (tous les artistes n'ont pas été contaminés par l'esthétique de la « com' ») ne trouvent pas leur place sur le marché. On rêve d'une situation idéale où la mécanique du marché et la logique institutionnelle non pas s'équilibreraient mais instaureraient une dialectique dont pourraient jouer les artistes aussi bien, d'ailleurs, que les amateurs. Au lieu de cela, l'influence des institutions en France est telle que c'est leur programmation qui semble régir l'ensemble de la vie artistique française, depuis le sommaire et les numéros spéciaux de presque tous les magazines spécialisés jusqu'aux achats de beaucoup de collectionneurs. Et malheureusement leurs choix prudents confortent les supports de presse consensuels et les particuliers timorés. Il est loin le temps où des conservateurs qui n'avaient aucun souci de faire carrière pouvaient en effet titiller une société bourgeoise dans ses goûts et dans sa morale. Un peu plus de quatre ans après la mise en place de sa politique, Jack Lang se félicitait d'avoir permis la création de 30 000 emplois. Bravo pour la résorption du chômage, mais qu'en est-il de l'audace des engagements ? Le personnel culturel devenu si nombreux ne compte pas que des aventuriers ou des têtes brûlées. Pris entre hiérarchie et audimat, beaucoup de responsables d'institutions dépensent plus d'énergie à se dépatouiller des filets administratifs et politiques qu'à élaborer, pour l'imposer, une vision personnelle de l'art. Dans un récent numéro d'*artpress* consacré au problème de la censure, un artiste, Olivier Blanckart constatait ce paradoxe : *« Les institutions imaginées à l'origine pour être des havres de liberté artistique [...] sont devenues des pièges dangereux ou des citadelles assiégées du point de vue de la liberté d'expression. »* De nombreux cas ont montré qu'elles ne savaient pas bien protéger cette liberté qui finalement trouvait refuge dans des lieux privés.

Mais ce ne sont là que les aléas de la vie ordinaire... En vérité, en cherchant à élargir le public, à inscrire l'artiste dans la cité, la politique culturelle inaugurée en 1982, et que depuis aucun des gouvernements successifs, de droite comme de gauche, n'a fondamentalement remise en cause, a eu l'ambition de réaliser ce qu'avait été l'aspiration de bien des avant-gardistes au cours du XXe siècle. La réalisation des utopies a malheureusement pour résultat, en général, de nous faire redescendre des hautes sphères jusque dans les flaques plus ou moins troubles, voire fangeuses – dans d'autres domaines, carrément sanglantes – des limites humaines. J'ai dit plus haut que cette politique avait voulu être moderne quand s'ouvrait l'ère du postmodernisme. Je rectifierai un peu. En actualisant quelques rêves modernes, elle a contribué à renforcer le scepticisme postmoderne.

Catherine Millet a notamment publié :
L'Art contemporain en France, Paris, Flammarion, 1987.

Sociologue de l'art connue pour ses travaux sur les marchés, les politiques et les professions artistiques, Raymonde Moulin est invitée ici à témoigner du tournant des années 1980 sous l'angle des effets de la politique culturelle sur le monde et le marché de l'art. L'une des ambitions affichées à l'époque consiste à renforcer significativement l'action publique en direction de l'art contemporain. Ce défi n'est pas sans contradiction, tant dans ses principes que dans ses effets. Raymonde Moulin décline ici quelques-unes de ces contradictions, questionnant implicitement l'un des manifestes fondateurs de la politique culturelle de ces vingt dernières années, à savoir la réconciliation entre l'Etat et l'art le plus contemporain.

Raymonde Moulin,

La Conciliation des contraires

Contribution : décembre 2003.

L'originalité du projet culturel des années 1980 réside moins dans l'intention proclamée de rupture que dans la résolution, enthousiaste et partiellement utopique, de dépasser les contradictions inhérentes aux politiques artistiques et, en définitive, de *« ne rien sacrifier à rien »*[1]. Nous en mentionnerons ici quatre exemples en évoquant les effets non voulus que les décisions prises ont éventuellement entraînés.

Vision normative et vision relativiste de l'action culturelle

Dans les propos officiels, deux composantes majeures se retrouvent : d'une part l'héritage de Malraux (magnifier l'impératif de création), d'autre part les échos du discours de 1968 (célébrer la créativité universellement partagée). « L'imagination au

1. Le Monde, *5 septembre 1981, rapporte que, pour Jack Lang, ministre de la Culture,* « ne rien sacrifier à rien est la seule priorité » *(cité par Maryvonne de Saint Pulgent,* Le Gouvernement de la culture, *Paris, Gallimard, 1999, p. 81).*

pouvoir » recouvrait assurément la grande espérance de concilier des objectifs réputés inconciliables. La politique culturelle du début des années 1980 a effectivement juxtaposé deux logiques d'action qui avaient des antécédents : la politique de « démocratisation » sous le ministère Malraux et la politique de « développement culturel » sous le ministère Duhamel. La politique de démocratisation comporte deux volets : elle implique d'une part la conversion du grand nombre aux grandes œuvres, d'autre part le soutien à la création. La politique de démocratie culturelle correspond à une conception relativiste de l'action culturelle. Ce relativisme se traduit de deux manières : réhabilitation des cultures spécifiques à des groupes sociaux infra- ou extra-nationaux, d'une part, révision des hiérarchies artistiques établies, d'autre part.

Ces deux logiques d'action sont d'ailleurs moins concurrentes que complémentaires et leur coexistence dépend de l'ampleur des budgets disponibles. L'abondance budgétaire est, précisément, une des caractéristiques majeures du premier ministère Lang et elle a favorisé la mise en œuvre simultanée de deux types de stratégie. Est-ce à dire que le dilemme élitisme/populisme auquel on réduit souvent, d'une manière simplificatrice, ces deux logiques d'action ait été surmonté sous ce ministère ? Il semble plutôt qu'une division du travail ait été opérée entre les différentes directions d'administration centrale, le ministre lui-même pouvant plaider les mérites de l'une et de l'autre politique sans exclusive. Reste que l'extension volontariste et quasi sans limite de la notion d'art pose deux questions. La première est celle de la déqualification des processus de création, de l'œuvre qui en résulte et du statut du créateur. La seconde est celle du nombre croissant des ayants droit, en tant qu'artistes, à la sollicitude des pouvoirs publics, croissance entraînant un effet de dérive financière.

L'Etat providence et l'Etat mécène

La tension entre l'Etat mécène et l'Etat providence n'est sans doute jamais aussi élevée que dans cette forme d'action ambivalente que représentent les acquisitions et les commandes d'art aux artistes vivants, à la fois mesures de soutien aux créateurs et contributions à l'édification d'un patrimoine historique. Face au dilemme permanent des choix publics, celui de l'égalitarisme et de l'élitisme, le projet des années 1980 se caractérise par la volonté de conciliation des contraires.

La première formule implique le relativisme esthétique, le saupoudrage des crédits, la multiplication des bénéficiaires. Au fur et à mesure que le volume d'aide s'est accru et que de plus en plus d'artistes en ont bénéficié, le nombre des prétendants s'est accru lui aussi, l'offre d'assistance créant la demande. La comparaison des revenus artistiques entre les années 1981 et 1988 met en évidence l'amélioration globale de la condition des artistes. Le pourcentage des artistes situés dans les tranches basses de revenus a diminué de 20 %. L'évolution de la politique artistique et du marché a cependant avantagé les favorisés plus que les défavorisés.

La seconde formule implique la reconnaissance d'une hiérarchie des valeurs artistiques, la concentration des crédits et la sur-sélection des élus. De 1981 à 1985, c'est un nombre très limité d'artistes, une centaine, qui a obtenu des crédits à tous les guichets (FNAC, FRAC et FRAM), artistes d'ores et déjà reconnus par le monde international de l'art et dont les œuvres étaient coûteuses.

Il est indispensable de rappeler ici que, au cours des années 1980, dans une période d'anomie esthétique, la constitution des valeurs artistiques occidentales s'effectue à l'articulation du champ artistique et du marché. Dans le champ artistique s'opèrent et se révisent les évaluations esthétiques. Dans le marché se réalisent les transactions et s'élaborent les prix. Alors qu'ils ont chacun leur propre système de fixation de la valeur, ces deux réseaux entretiennent des relations d'étroite interdépendance. L'homologation des artistes est réalisée par des académies informelles, nationales ou internationales, au sein desquelles s'échangent des informations entre deux catégories d'acteurs, culturels et économiques, dans des situations d'interdépendance stratégique.

Les pouvoirs publics, par tradition républicaine, n'ont d'autre choix, pour distribuer l'argent des contribuables en fonction de la valeur artistique des œuvres, que de se référer au jugement des experts. S'agissant d'art contemporain, la compétence des nombreux prétendants à l'expertise ne va pas sans difficulté de définition. L'expert en art contemporain est un spécialiste du contexte. Il ne doit rien ignorer de la position d'un artiste sur la scène nationale et internationale, de sa réputation résultant des crédits accumulés à partir des interprétations dont son œuvre a fait l'objet, des évaluations émises par le monde de l'art et des appréciations du marché. Aujourd'hui, au terme de la rationalisation, au sens weberien, l'art est devenu une activité spécialisée : sa validation et son homologation relèvent de spécialistes de l'art contemporain et, dès lors, le risque se dessine d'une bureaucratisation, nationale et internationale, des politiques artistiques au service d'un nouvel académisme.

La délégation du jugement aux experts a mis en évidence l'aporie des choix artistiques publics dans un régime démocratique. Elle revient à imposer à la majorité des citoyens autre chose que ce qu'ils veulent. En effet, à la différence de l'art qui était soutenu par l'Académie des beaux-arts et bénéficiait de la faveur des pouvoirs publics à la fin du XIXe siècle, l'art contemporain soutenu par les académies informelles et financièrement valorisé sur un segment limité du marché n'obtient pas l'adhésion du goût majoritaire. Pour réduire la distance entre l'art actuel et les attentes du public, on a formé des décideurs, administrateurs ou élus, on a formé des médiateurs et des intervenants en tous genres, mais il faut se demander si – comme la démonstration en a été faite à propos de la musique contemporaine[2] – cette pédagogie n'a pas réussi à fabriquer une demande intermédiaire, celle des professionnels et des médiateurs de l'art, sans parvenir à élargir le public.

Décentralisation artistique sous contrôle

Même si la politique de décentralisation artistique n'est pas absolument nouvelle, les lois de décentralisation votées en 1983 et 1984 marquent, dans le secteur des arts plastiques, un véritable bond dans cette voie. Qu'il suffise de mentionner les vingt-deux Fonds régionaux d'art contemporain (FRAC) les vingt-deux Fonds régionaux d'acquisition des musées (FRAM) et la création de postes de conseiller artistique régional chargé des arts plastiques. Toutefois, il me paraît important de noter qu'on n'a pas assisté à un dessaisissement de l'Etat au profit des régions. L'irrigation en argent a été inséparable de l'irrigation en hommes. *« [...] La décentralisation sans précaution peut conduire à une dégradation de la qualité des actions culturelles. Elle ne peut être conduite à l'aveuglette. Elle doit s'accompagner de la poursuite de l'installation de relais du ministère dans les régions afin d'y exercer une fonction indispensable de conseil et d'impulsion. »*[3] La politique de l'Etat a eu un effet incitateur sur la politique des régions et des municipalités à l'égard de l'art contemporain. Si l'effet d'entraînement a été manifeste,

2. *Pierre-Michel Menger,* Le Paradoxe du musicien : le compositeur, le mélomane et l'Etat dans la société contemporaine, *Paris, Flammarion, 1983.*

3. *Claude Mollard,* Le Mythe de Babel : l'artiste et le système, *Paris, Grasset, 1984, p. 316.*

les caractéristiques essentielles sont moins la démocratisation des avant-gardes que la généralisation du modèle de recours aux experts et l'effervescence institutionnelle qui s'est accompagnée d'une multiplication des emplois culturels aux contours flous et aux activités mal définies. L'exigence de spécialisation (associée à la notion sociologique de profession) a tendu, au cours des dernières décennies, à se dissoudre dans une polyvalence orientée vers la médiation, la communication et les diverses modalités d'interaction.

L'ÉCONOMIE CULTURELLE MIXTE

Le projet gouvernemental socialiste a répondu à un modèle d'économie culturelle mixte qui suppose la socialisation du risque artistique (risque financier et risque esthétique) en même temps que *« la réconciliation de l'art avec l'économie »*. Cette politique s'est caractérisée par l'abondance des crédits consacrés aux arts plastiques (leur montant a presque triplé entre 1981 et 1983) et par le foisonnement institutionnel. On a assisté à la multiplication des institutions artistiques, à l'accroissement en effectifs et en influence des professionnels de l'art, à la généralisation du recours aux experts et à la fonctionnarisation de beaucoup d'entre eux.

La relance du marché s'est effectuée essentiellement par une grande politique d'achat d'œuvres d'art. Elle a été soutenue par un certain nombre de mesures d'incitation au mécénat. Jusque-là, les politiques gouvernementales de soutien aux artistes avaient coïncidé avec des périodes de conjoncture générale défavorable, l'exemple le plus significatif étant, à cet égard, la politique du New Deal dans les Etats-Unis des années 1930. L'originalité de la France des années 1980 a été la combinaison du volontarisme politique, qui se manifestait par d'importants investissements publics,

avec le dynamisme du marché international, associé à une conjoncture générale favorable.
Il n'en reste pas moins que, au cours des deux dernières décennies du XXe siècle, on a observé la diminution de la part du marché français dans le marché mondial. Dans un marché mondial, l'œuvre d'art se déplace vers les lieux où la demande est la plus forte et la fiscalité la moins pénalisante. Le différentiel de charges dont souffrent les opérateurs français limite le dynamisme du marché. En hiérarchisant les artistes en vue en fonction des appréciations du marché international, on déplore souvent que les artistes français arrivent derrière les Anglo-Saxons et les Allemands, au moins sur le court terme. Il appartient aux pouvoirs publics d'intervenir sur la relance du marché, sur l'incitation au mécénat des entreprises et sur le développement de la demande privée qui pourrait être soutenue par des mesures fiscales. La liberté de création dépend en effet largement de la multiplicité des sources de financement et de la pluralité des instances de décision.

Depuis les années 1960 et dans tous les pays occidentaux, la culture est devenue un enjeu dans les débats proprement politiques. Politique publique, objet d'investissements publics, la politique de la culture ne saurait, en effet, se situer à l'abri de la politisation. L'enjeu politique s'est précisé en 1981 avec l'importance accordée à la culture dans le projet gouvernemental et avec l'augmentation des crédits qui lui ont été affectés. La volonté de *« ne rien sacrifier à rien »* ouvrait inévitablement la voie à deux types de critiques, la critique libérale et la critique radicale.

Vingt ans après, les débats portent, comme hier, sur le « plus ou moins d'Etat » dans le secteur culturel, sur les dérives du relativisme au profit de la *world culture,* sur la relation entre l'institutionnalisation de l'art et l'imposition d'un paradigme esthétique dominant, mais dans un nouveau contexte, celui de la globalisation du marché et de la mondialisation de la scène artistique.

RAYMONDE MOULIN A NOTAMMENT PUBLIÉ :
L'ARTISTE, L'INSTITUTION ET LE MARCHÉ, PARIS, FLAMMARION, 1992.

Philosophe, ex-députée européenne et membre des commissions « Droits de la femme et égalité des chances » et « Culture, éducation, audiovisuel et sport », Geneviève Fraisse ne cesse de s'interroger sur l'histoire de la controverse des sexes tant sur le plan épistémologique que politique. Sollicitée à partir de l'intervention d'Hélène Cixous en Sorbonne, elle explore le terrain où se nouent la question des sexes et celle de la conceptualisation de la politique culturelle telle qu'elle s'invente en 1981. Geneviève Fraisse propose alors une échappée belle, un itinéraire à travers l'histoire de l'art et ses coulisses, ramenant quelques secrètes réponses à la question : pourquoi la politique culturelle ?

Geneviève Fraisse,

Le Silence des muses

Contribution : décembre 2003.

D'un côté l'imagination, de l'autre l'objet imaginé ; d'un côté le pouvoir d'inventer, de l'autre celui de l'œuvre inventée. Sujet créateur, objet créé : que peut le gouvernement de l'imagination dans ce passage à l'acte artistique, quelle part de vérité se donne dans l'imagination au pouvoir ? Il n'est pas sûr que quiconque le sache. Reste à parcourir le déroulement des décennies récentes pour mesurer l'accompagnement des arts par le ministère de Jack Lang ou le compagnonnage des arts et d'une politique.

Pour cela, il faut revenir en arrière, au début du siècle qui nous précède. La perspective choisie sera celle des sexes et de la création.

Constantin Brancusi sculpte la *Muse endormie* en 1910. La tête est couchée, à peine comprend-on que c'est un visage. Le sculpteur a choisi cette partie du corps humain pour représenter une figure mythique, la muse. Une muse, celle du poète contemporain ou une des neuf muses de l'Antiquité. Rien de remarquable dans ce désir du sculpteur. Plus étonnant est le titre de l'œuvre :

« Muse endormie ». La muse est l'inspiratrice des arts et surtout de l'artiste ; la muse serait plutôt un personnage actif, éveillé. Comment une muse peut-elle dormir ?

Si elle est la femme du créateur, épouse ou amante, on comprend qu'elle puisse, dans une vie quotidienne, être endormie. Vision prosaïque de la vie de l'artiste, vision sécularisée du créateur, traditionnellement masculin. Il y a peu à commenter dans le récit d'une histoire occidentale qui met l'homme en référence et la femme à la périphérie. Cependant, le sommeil de la muse pourrait retenir notre attention. La muse, personnage mythique du monde classique occidental, s'est endormie au XXe siècle.

Au fil des productions successives, de la multiplication de cette sculpture par Constantin Brancusi, le visage, la tête posée de côté, semble s'effacer. La disparition l'emporte sur le sommeil. La muse s'estompe en dormant, et la création contemporaine se dessine. Le sommeil de la muse annonce vraisemblablement la disparition de celle-ci car l'artiste crée pendant que la muse dort. Que devient alors le partage entre le génie masculin et la muse féminine ? Si la muse se perd, peut-être la femme est-elle, elle aussi, géniale ?[1] Pour Constantin Brancusi, en tout cas, les sculptures d'une tête posée de côté lient le thème de la muse aux images de Prométhée, père des arts, du nouveau-né et du premier cri de l'enfant, et pour finir, en 1924, du commencement du monde. Toutes, images de la création comme telle, toutes, représentations formelles et abstraites d'un visage effacé.

Souvenons-nous aussi que le sommeil porte un enfantement possible, comme ce sommeil d'un homme endormi que Goya légende en déclarant que *« le sommeil de la raison enfante les monstres »*. La création artistique est toujours un monstre, un en-dehors de la norme.

1. Geneviève Fraisse, « La muse et le génie », in La Controverse des sexes, *Paris, PUF, 2001.*

De quel monstre serait donc porteur ce sommeil de la muse ? Peut-être justement de la création contemporaine, de cette œuvre qui n'a plus besoin d'un strict partage sexuel entre muse et génie. Les muses sont partout, même si le génie est rare. Les muses sont là où se trouve l'inspiration. Pour Gus Van Sant, réalisateur d'*Elephant* qui filme la jeunesse américaine, ce sont les jeunes comédiens qu'il embauche et qui deviennent ses amis : *« Je ne fais pas des jeunes gens le motif unique de mon travail. Mais ils reviennent de manière récurrente. Ils sont comme des muses. »* (*Télérama,* n° 2806, 22 octobre 2003) L'inspiration n'obéit plus au partage des rôles sexués, l'inspiration n'est plus médiatisée par une voix féminine. Tout être, homme ou femme, jeune ou vieux, peut être une muse, un lieu et un medium de la création.

Les muses sont partout où le créateur les cherche, les rencontre, ou les trouve ; serait-ce l'imagination au pouvoir ? Avec la disparition de la muse féminine, le mot « inspiration » est devenu désuet. Les représentations classiques, en se déréglant, ouvrent à tous l'accès à la création. Si l'imagination est au pouvoir, ne serait-ce pas pour être partagée, disséminée vers l'ensemble des êtres d'une société ? Qui nierait que les lieux de la création artistique, spectacle vivant ou œuvre audiovisuelle, se sont démultipliés, depuis vingt ou trente ans, dans la géographie sociale ? Mais restons plus modestes, même si plus ambitieux. Le premier effet du dérèglement des représentations de la création artistique est de reconnaître que les femmes elles aussi sont des créatrices. Lentement, le XXe siècle a écrit cette histoire du droit des femmes à être géniales.

En 1929, Virginia Woolf confie au lecteur, à la lectrice d'*Une chambre à soi,* que dans cent ans, elle l'espère, la femme sera *« un poète »*. Cette femme cessera, en effet, d'écrire, avec rage, pour se raconter, telles les romancières du siècle précédent : *« Les femmes vont peut-être se mettre à faire usage de l'écriture comme d'un art et non plus comme d'un moyen pour s'exprimer elles-mêmes. »* écrit-elle. Elle deviendra un poète, celui qui délivre le chant, et peu importe l'auteur, homme ou femme. Pour qu'il soit donné aux femmes (oublions un moment les exceptions des siècles passés), c'est-à-dire à toutes les femmes, la possibilité de devenir poètes, la première condition est qu'elles cessent d'être seulement des muses. Mais la seconde est qu'elles sortent d'elles-mêmes, que la femme cesse de *« se compromettre en s'expliquant sur son propre compte »,* disait Nietzsche (*Par-delà le bien et le mal,* § 232). Nous y reviendrons.

Poursuivons la convocation des figures mythiques. Il est un chant qui ne cesse de nous accompagner, celui des sirènes de l'*Odyssée,* conservé au fil des siècles comme le chant de la séduction et du savoir immortel. On s'est beaucoup intéressé aux sirènes elles-mêmes, monstres marins, femmes séductrices, d'ailleurs filles de muses. On s'est moins soucié de leur chant comme tel, jusqu'au XIXe siècle où leur chant est le prix de l'âme qu'une sirène souhaite acquérir pour aimer enfin les humains hommes, et jusqu'au XXe siècle où Maurice Blanchot annonce leur chant à venir, telle une promesse, ajoutera Michel Foucault[2]. Cette attente du récit nouveau résulte de ce dérèglement des représentations sexuées du génie et de la muse, du travail souterrain qui s'élabore avec la perte des codes contraignants. Il n'est plus temps de mépriser les sirènes, nous dit Maurice Blanchot, quelque chose de leur chant devient audible, non pas comme le refoulé d'une raison occidentale masculine, diraient Adorno ou Horkheimer, plutôt comme la possibilité d'une écriture renouvelée ; pour tous.

C'est sans doute pourquoi je parle le long du temps historique, un siècle. Le projet ministériel, en 1982, de sculpter des grandes figures marque bien le décalage qui perdure : les hommes choisis appartiennent au XXe siècle, les femmes, à peine quelques-unes,

2. *Geneviève Fraisse, « Le Chant des sirènes »,* in La Controverse des sexes, *op.cit.*

sont du XIXe siècle, telles Flora Tristan et Louise Michel. Pourquoi Simone Weil ou Colette sont-elles absentes ? Cette subsistance du décalage est l'image même du problème. Hélène Cixous, au colloque de la Sorbonne en 1983, le dit clairement : l'évocation de l'écart entre hommes et femmes, pour la culture comme pour tout autre chose, est un *« préambule »* nécessaire, inévitable encore dans les temps à venir. Et pourtant nous y entrons peut-être dans ce temps d'un art oublieux du sexe de l'artiste.

J'aurais aimé connaître les pensées intérieures de celles qui témoignent du passage de la muse au génie, du modèle à l'artiste. D'abord le passage est l'expression d'une chronologie : Suzanne Valadon posait pour Renoir, Toulouse-Lautrec ou Degas, puis devint peintre à son tour de nus remarquables. Anaïs Nin affirma qu'être muse était une esquive face au travail créateur et se mit à écrire. Plus complexe encore fut la situation de Tina Modotti, qui fut modèle et photographe, en même temps, jouant de la double place. Comment connaître sa jouissance et sa souffrance d'être des deux côtés de l'acte créateur ?

Ensuite, de ce jeu des places entre inspiration et création, il semble que les femmes en comprennent les possibilités multiples, jeu de miroir peut-être, mais surtout jeu de chaises musicales où la position de l'une rencontre la position de l'autre. Ce peut être le jeu de l'autoportrait où la photographe Claude Cahun fut virtuose, ce peut être le jeu plus oblique de Gertrude Stein écrivant les mémoires de son amie Alice Toklas, cependant qu'Alice elle-même écrira à son tour, dans l'ombre de l'écrivaine célèbre, un livre de cuisine, terriblement autobiographique.

Les chaises sont occupées tour à tour. Dira-t-on que les femmes continuent à s'expliquer sur leur propre compte ? Dira-t-on qu'au lieu du récit collé à leur histoire, elles ont trouvé le chant de la multiplicité des histoires ? Cette démultiplication des places où se tenir

n'est-elle pas le support pour échapper aux assignations sexuelles, celle de l'individu singulier comme celle de l'artiste ?
Si désormais le poète s'éloigne des places attribuées, si l'œuvre d'un être sexué femme échappe à l'explication de soi-même, Virginia Woolf eut plus que Nietzsche la vision d'un futur différent. Il s'agissait juste d'un moment de l'histoire de l'émancipation des femmes. Or cette histoire se déploie aussi plus largement et certains récits mettent en lumière des ressorts cachés. Je ne peux m'empêcher de revenir en arrière, et de penser à Mary Shelley. On oublie souvent que son œuvre *Frankenstein* portait comme sous-titre « Le Prométhée moderne ». Frankenstein est le nom du professeur démiurge avant de devenir celui du héros, et ce professeur renonce au cours du récit à créer une fiancée et à répondre ainsi à la demande de la créature artificielle. La réalité historique nous rappelle que Mary Shelley crée ce monstre en vis-à-vis des poètes Percy Shelley et Lord Byron et qu'elle-même vint au monde en perdant sa mère, Mary Wollstonecraft, féministe illustre, écrivaine elle aussi. Rapport d'écriture entre femmes et hommes, rapport esthétique entre naissance et création : Mary Shelley n'explique rien, ni de l'enjeu entre hommes et femmes dans la création, ni de l'effet de rupture de l'être créé, brutalement mis au monde. Elle mélange tout pour le lecteur futur, comme tout artiste[3].
Constantin Brancusi fait à mes yeux de même. Il mélange savamment les places et les œuvres, superposant dans ses sculptures les créations naturelles et artistiques, la naissance et l'inspiration, le nouveau-né et la muse, le commencement du monde et la transformation du mythe. En écho, un film récent, celui de Mariana Otero, montre un emboîtement de figures étonnant. A la recherche du secret de la mort de sa mère, elle écrit dans un film l'histoire de ce

3. Geneviève Fraisse, « A propos d'un monstre moderne », in La Controverse des sexes, *op.cit.*

secret, d'un avortement mortel, d'un tabou social, de l'enfance des petites filles à qui n'est offert que le mensonge. Si ce documentaire-fiction semble une autobiographie, un récit de soi, une explication généalogique, il n'en est rien. Car dans l'entrechoquement entre la naissance et la mort, entre l'enfance et la mère, surgit l'histoire d'une création en abyme : l'avortement montre l'enjeu et l'issue impossible entre la troisième maternité annoncée et le choix de la femme, choix d'artiste, d'être peintre. L'avortement nécessaire devient après-coup un destin de fiction. Que peignait cette femme si tôt disparue ? Des nus de femmes, très beaux. Mariana Otero, la cinéaste, et sa sœur comédienne sont plongées dans l'expression de l'art, par l'art, dans l'art. Elles n'expliquent rien sinon le chant solitaire de la fiction, qui outrepasse toujours le réel.

Revenons au geste de Jack Lang et à la question de l'imagination au pouvoir. Le sommeil des muses ne se suffit pas de l'idée d'une multiplication des causes de l'inspiration, du dérèglement des représentations du génie, de la dissémination de l'identité du sujet créateur, homme ou femme, désormais plus libres dans le jeu des assignations sociales. Le sommeil des muses peut être peuplé d'images. Il ne signifie pas nécessairement l'absence. Et on peut, pour finir, évoquer la double traduction, un peu surprenante, du terme espagnol *« sueño »* inscrit dans la gravure de Goya : le sommeil ou le songe ? Les deux traductions sont possibles. Ce qui enfante le monstre de la raison, c'est le sommeil... ou bien le rêve, l'absence de visage ou la nouveauté d'une image…

L'imagination au pouvoir, si elle ressemble à l'expression du rêve, se charge d'une promesse démocratique : tout le monde rêve, partout le rêve revendique ses droits. Deux mots glissent l'un vers l'autre, ou se superposent : l'inspiration se rapproche de l'imagination ; l'imagination est le creuset de l'inspiration. La proximité de ces deux mots les rend imprécis, mais non pas confus, au regard de la notion de création. La disparition de la muse sexuée, ou du sexe de la muse signifie que les muses sont partout et que les artistes peuvent naître n'importe où. Ainsi le ministère de Jack Lang a soutenu, par là même, sa décision de déployer les initiatives d'une création libérée du poids de l'académie. Le pouvoir de l'académie n'est pas le pouvoir de l'Etat. Le second ne s'oppose au premier que dans des temps brefs, des instants privilégiés. Mais il ne faut pas oublier que le pouvoir de l'Etat ne dure pas autant que le pouvoir de l'académie. Les artistes le savent ; ils doivent alors compter, avant tout, sur leur liberté.

GENEVIÈVE FRAISSE A NOTAMMENT PUBLIÉ :
LA CONTROVERSE DES SEXES, PARIS, PUF, 2001.

Depuis de longues années, tant au sein du parti communiste qu'aujourd'hui au Sénat, ou encore à la tête de la municipalité d'Aubervilliers jusqu'en 2003, Jack Ralite s'impose comme un acteur engagé et un observateur passionné de la vie artistique et de la politique culturelle. Dans le combat pour la reconnaissance de l'exception culturelle dans les instances internationales, avec l'initiative des états généraux de la culture, ou tout récemment au côté du mouvement des intermittents, il demeure un agitateur omniprésent sur le front des questions culturelles. Fort de son expérience gouvernementale entre 1981 et 1984, il s'emploie à démontrer combien les promesses d'alors et l'urgence qui les justifiait sont toujours d'une actualité criante.

perspective

Jack Ralite, Ce n'est qu'un début

Contribution : janvier 2004.

BERGMAN ET LA SITUATION FRANÇAISE

Je me souviens d'un texte d'Ingmar Bergman : *« Dans certains pays, les artistes sont punis, l'art est jugé dangereux ; on l'étouffe et on le dirige. Mais dans l'ensemble l'art est libre, effronté, irresponsable ; le mouvement est intense, presque fébrile, comme une peau de serpent recouverte de fourmis. Le serpent est mort depuis longtemps, rongé, privé de son poison, mais la peau regorge d'une vie indiscrète. Si j'étais une de ces fourmis je me demanderais si cela vaut la peine de continuer mon travail. La réponse est affirmative, bien que je pense que la scène est une vieille femme que l'on aime encore mais qui a connu des jours meilleurs. »*

Il y a une familiarité entre ce texte et la situation actuelle. Avec Bergman il s'agissait de l'art mais aujourd'hui il s'agit de l'art bien sûr, de l'imaginaire plus généralement, de la pensée, de l'esprit et sous toutes les formes où cela se crée, se vit, je veux dire la création artistique et littéraire, la recherche fondamentale, le droit, l'intime, la dignité, le travail.
Il suffit d'ouvrir les yeux et d'écouter, d'écouter éperdument y compris les silences car il existe un silence contraint ou renonçant, voire désespéré.

Ces derniers six mois se sont ébranlés comme la marque d'une transition révélée, les intermittents, les enseignants, les chercheurs, les professions du droit y compris du droit social, les journalistes, les archéologues, les psychanalystes, et nombre de salariés (du travailleur à l'ingénieur) du privé et du public préoccupés de la sécurité de toutes les étapes de leur vie, notamment celle dramatique du chômage.

L'imagination est dans ces mouvements qui sont contemporains d'un nouveau présent à peine discernable.

La métamorphose et faire un commencement

Le philosophe Jean-Luc Nancy a, me semble-t-il, bien analysé l'apparent chaos de la situation. *« La civilisation a commencé à laisser percevoir les marques, les fissures, les inclinaisons de son évanouissement ou plus exactement de sa métamorphose. Le mot est capital, dire métamorphose ce n'est pas dire crise. Une crise n'affecte pas le fond ou plutôt le reforme, le réforme. La métamorphose, elle, crée un écart à la fois lent et proliférant, une déchirure majeure que nous ne savons pas nommer, qui nous met comme en panne, comme s'il n'y avait plus d'homme, plus d'Histoire, plus d'esprit du monde, rien que le capital et son autonomie terrifiante, et le marché qui se consomme lui-même, tout cela pouvant conduire vers un nouveau nœud de domination ou vers une convulsion dont on perçoit comme une rumeur, le grondement des révoltes qui commencent à le composer. »*

Oui on a l'impression d'être comme un écureuil tournant dans sa cage sans jamais lever l'œil au ciel. Or, il ne faut pas craindre de remuer la boue et de lever, de faire lever les yeux au ciel, ouvrant ainsi pour chacune, chacun la possibilité de faire un commencement. Faire un commencement, c'est un travail inouï quand la vie nous enferme dans les petites histoires de tous les jours, qu'elle nous abandonne aux rivalités mesquines, quand on est envahi par les seules querelles qui se présentent au coin de la rue, quand on connaît l'enfermement proximitaire, source de routine, de mollesse ou d'emphase, quand on ne peut penser qu'avec verrou, avec « renfermé social » et beaucoup plus grave, quand n'ayant plus aucune perspective dans ce monde *« sans synthèse »* dirait Musil, on se sent comme « en trop » dans la société parce que en tant qu'homme en tant que femme on est fracturé, fissuré, éclaté, parfois bousillé et qu'alors peut naître l'irruption de l'insensé, au mieux une pensée restreinte du commun. Nietzsche avait évoqué dès le XIXe siècle cette circonstance où des hommes et des femmes en attente se voient demander de se faire oublier et qui sans solution ruminent de l'humiliation, étourdissent leur douleur par la passion, et finalement *« aiment mieux vouloir le néant que de ne pas vouloir »*. Pensons au 21 avril 2002.

Aragon a magnifiquement imagé cela en évoquant *« le tonnerre de silence sur l'homme frustré du rayon de sa marche »*. Qui plus est cet homme comme enfermé dans le présent, lieu d'une empoignade entre *« le passé luisant »* et *« l'avenir incolore »* pour reprendre des mots d'Apollinaire, ne supporte pas d'être suspendu dans le vide et sans orbite. Il se jette dans le passé qu'il statufie, le rendant amnésique par sa célébration permanente au lieu de n'en considérer que les éclats qui le conduisent à se souvenir de l'avenir, créant avec la modernité un couple qui relance les dés de la vie après la brèche que connaît toujours le lien du passé et de l'avenir.

Non au freinage de toute pensée

Eh bien je pense que ces derniers neuf mois indiquent que commencent à être relancés les dés de la vie malgré les grandes atteintes à la vie. Les mouvements des retraités, de certaines entreprises, des professions intellectuelles et artistiques en témoignent. On me permettra de rapporter une analyse fine et lucide du psychologue du travail Yves Clot, notant pour le combattre le fantasme du Medef d'avoir un travailleur ayant un savoir et non un travailleur qui pense, un travailleur amputé de son initiative, c'est-à-dire un *« boxeur manchot »* selon l'image de Tennessee Williams. Si l'on ajoute à cette pratique du patronat financiarisé de vouloir « alléger » les travailleurs de toute pensée, celle du gouvernement au cœur métallisé de vouloir « rabougrir » la dimension pensée dans les professions intellectuelles, on voit qu'il y a urgence à refuser le freinage de toute pensée.

Le pluralisme est incontournable pour appréhender et plus tard résoudre le bouleversement contemporain des paysages sociaux et culturels et *« donner* – c'est le travail central de tous les acteurs en mouvement actuellement – *sens*, comme dirait Georges Balandier, *aux mutations de la société, à ce qu'elles portent en elles d'inédit, à ce qui la rend déroutante sans céder à la fascination des « néos » qui n'ont que l'éclat du factice et de l'éphémère, sans subir la tentation des retours nostalgiques qui n'effectuent pas la bonne réappropriation du passé, sans se soumettre à la séduction des messianismes électroniciens »*.

Sur ce terrain ainsi analysé, et en décidant de raviver l'éthique collective, comment peut nous être utile la politique culturelle de 1981 qui, rappelons-le, a beaucoup emprunté à la politique des communistes ? Ceux-ci avaient tenu en 1966 un comité central sur le travail intellectuel et les problèmes de la culture qui fut une véritable innovation historique et imprégna le travail de nombreuses municipalités à direction communiste. Pour n'évoquer que le théâtre vivant, il n'y a pas de hasard à ce qu'en banlieue ce soient les villes communistes qui aient créé des théâtres, qui vivent toujours et ont su éviter la sclérose du temps (Aubervilliers, Gennevilliers, Saint-Denis, Nanterre, Montreuil, Ivry, Malakoff, Vitry, Bobigny, Stains, La Courneuve, etc.,

etc.). C'était un capital qui rejetait définitivement la pratique soviétique et garantissait comme une loi intangible la liberté de création avec – ce fut précisé plus tard – la reconnaissance de l'existence d'un « écart » nécessaire comme atout pour la création intellectuelle, scientifique et artistique.

Le bouquet de Jack Lang

Jack Lang avec qui à l'époque et depuis je me suis souvent entretenu m'a toujours dit l'importance dans sa démarche de cet apport communiste, qui lui-même devait beaucoup à Aragon. Certes la démarche de Jack Lang avait d'autres pilotis. Malraux, l'inventeur du ministère de la Culture, Vilar, qui anima les premières assises nationales de la culture à la même époque que le comité central d'Argenteuil. On n'oubliera pas sa parole : *« Le chemin du milieu ne mène jamais au festival d'Avignon. »* Jack Lang avait aussi son expérience acquise au festival de Nancy où il reçut pour la première fois en France le Bread and Puppet, Bob Wilson avec son inoubliable *Regard du sourd*, Pina Bausch avec *Café Muller* et Kantor s'emparant de nous avec *La Classe morte*. On pourrait ajouter Rote Rübe, théâtre venu de la Ruhr. Jack Lang avait aussi mêlé son approche artistique avec celle d'Antoine Vitez à la direction de Chaillot et était confronté aux espérances des artistes qui, ensemble, revendiquaient.
Il ne faut pas croire que cette politique nouvelle qu'anima Jack Lang alla de soi. Je me souviens que quand une initiative était proposée par lui au Conseil des ministres où il avait l'assurance d'un soutien de François Mitterrand, il me passait souvent un petit mot : *« Jack, si tu sens une difficulté faite à ma proposition surtout interviens. »* Cela ne m'était d'ailleurs pas difficile parce qu'invariablement François Mitterrand disait, Jack Lang ayant terminé son exposé : « *Qu'en pense monsieur le ministre de la Santé ?* » En tout cas, il y a eu bifurcation en 1981 ou pour être plus exact, établissement d'une sorte de contrat tacite entre

la société façonnée par le programme commun qu'elle avait elle-même façonné, et les questions artistiques. Oui à l'époque nous nous sommes embarqués, emportés vers l'ailleurs, vers des risques inconnus. Nous avons commencé à appliquer ce que disait René Char : *« La réalité ne peut être franchie que soulevée. »*

Malheureusement le gouvernement n'a pas soulevé assez haut et il a commencé à céder devant les industries culturelles naissantes et la pression du marché dont il était su pourtant qu'*« il était efficace soit, mais n'avait ni conscience ni miséricorde »* (Octavio Paz). Malraux lui-même pouvait servir de garde-fou quand il avait nommé *« le puissant effort des usines du rêve producteur d'argent »* leur opposant l'effort à construire *« des usines du rêve productrices d'esprit »*.

On me dira qu'il y avait des difficultés économiques. Mais c'est là que s'apprécie l'aptitude à affronter ce que j'appelle des difficultés nobles. Le 15 juin 1984 en complicité avec Jack Lang j'avais écrit au président de la République à propos de la culture et de l'art : *« Il reste beaucoup à faire et si j'ose une comparaison, le bon nouveau travail fait est semblant aux violettes sous la verdure. [...] Je souhaite, Monsieur le président, vous faire part d'une inquiétude personnelle à quelques jours des arbitrages budgétaires. J'ai crainte que soumise aux exigences d'équilibre, la culture encore trop souvent abordée comme un luxe ne soit pas suffisamment considérée. Or, si malheureusement encore c'est un luxe pour quantité de nos concitoyens, pour la nation, c'est un luxe de l'inaccoutumance dont il s'agit et pour cela il faut, Monsieur le président, tenir le pas gagné. Les créateurs forent, je ne dis pas voient ou savent tout, mais ils forent et apportent une pincée de déraison. Un budget à mi-côte pour ce travail indispensable serait grave. Même le surplace conduirait à des agios humains et politiques. Je suis sûr que vous comprendrez le sens de ma démarche qui vise simplement à ce que nous ne connaissions pas en 1985 un freinage dans la culture. Chacun a sa façon d'entendre le chant profond du pays. J'ai voulu par ces quelques mots témoigner auprès de vous de la mienne. C'est vrai que nous ne sommes pas tout à fait du même chemin mais nous cherchons le même port et pour cela la politique culturelle ne peut marcher à la dérive des vents budgétaires comme la politique sociale d'ailleurs, avec qui elle est en très fin circonvoisinage.* »

La Cinq enfonce un coin

En vérité, c'est par l'audiovisuel qui pourtant était public que François Mitterrand céda aux industries culturelles en créant la cinquième chaîne dont le concepteur, Berlusconi, venait de montrer en Italie les méfaits dont elle était potentiellement porteuse. Et cela n'a pas manqué de se produire. Je veux m'arrêter un instant sur ce rendez-vous inconvenant du gouvernement de la gauche et de la chaîne berlusconienne. Très objectivement il y eut des désaccords avec cette initiative à longue portée désastreuse. Jack Lang était contre et le cinéaste italien Sergio Léone m'a rapporté plus tard qu'il avait été témoin d'une réaction très vive de Laurent Fabius. Les communistes furent tout de suite contre.

Réfléchissant à la démarche mitterrandienne en la circonstance sans la justifier, je vois bien comment le président a pu être amené à prendre cette initiative. L'audiovisuel connaissait des blocages, des difficultés, était face à des défis qui nécessitaient des novations. La création de Canal+ en est l'expression et à terme, n'aurait été l'aventureuse expérience de Jean-Marie Messier, Canal+ avait conquis sa ratification par l'Histoire. J'imagine que le président voulut en tenter une autre mais ce qui garantissait la qualité de Canal+ y compris dans sa façon d'assumer nouvellement une responsabilité publique était totalement inexistante avec la Cinq où le capital était maître. Cela créa d'abord un trouble, puis une colère dans le monde artistique. Je me souviens pour ne pas y avoir été étranger, d'un meeting d'artistes dans une Mutualité comble qui exprima un désaccord total et au cours duquel le regretté Michel Mitrani eut cette expression : *« Il nous faut inventer une alternative française au défi de l'audiovisuel. »* Malheureusement la route était ouverte et en 1986 le gouvernement de la droite et son ministre de la Culture, François Léotard, vendirent à Bouygues baptisé *« mieux disant culturel »* la première chaîne publique TF1. On connaît la suite de l'histoire et malgré le retour un temps de Jack Lang, et malgré Catherine Trautmann et Catherine Tasca, qui furent elles aussi ministres de la Culture, le marché fut dès lors déclaré selon une expression d'Alain Minc *« naturel comme la marée »*. Dans la foulée les nouvelles technologies furent trouvées par Alain Madelin, *« naturelles comme la gravitation universelle »*. Ainsi étaient transformées ces inventions humaines (marché et nouvelles technologies) en données de nature, fatalisant la situation. L'inventeur c'est-à-dire l'homme, la femme, dans un même mouvement devenait « êtres subsidiaires », « invités de raccroc ».

La naissance des états généraux de la culture

C'est dans ces mêmes années, en 1987 très précisément, qu'avec cent quarante-sept artistes nous avons lancé au T.E.P. de Guy Rétoré, les états généraux de la culture. Le théâtre était plein, le hall aussi ; il y avait du monde dans la rue.
Un tour de France suivit, puis des assises au théâtre de Paris, puis un Zénith qui lança (300 artistes étant sur scène et 5 800 citoyens sur les gradins, 1 500 étant restés dehors) la *Déclaration des droits de la culture,* traduite aujourd'hui en quatorze langues et qui anima en profondeur toutes les batailles culturelles qui suivirent. Retenons-en les idées et propositions principales :

« Un peuple qui abandonne son imaginaire aux grandes affaires se condamne à des libertés précaires ;
« Ce qui se passe dans la culture garde obstinément son cap : organiser le

partage inégalitaire des êtres humains entre un petit nombre ayant la détention des savoirs et des pouvoirs et une immense multitude de consommateurs voués aux produits standardisés ;
« Aujourd'hui en sachant que rien n'est inéluctable le temps nous paraît venu de faire entendre haut et fort les exigences les plus inaliénables du monde artistique : elles s'appellent audace de la création, élan du pluralisme, obligation de production, maîtrise de la distribution, atout d'un large public, besoin de coopération internationale. C'est tout cela qui peut et doit donner corps à une responsabilité publique et nationale en matière de culture, cette idée neuve en Europe. »

De la bifurcation à la rupture

Aujourd'hui la France se trouve confrontée à une arrogance prétentieuse et autoritaire du Medef lequel – ce n'est pas un changement de petite taille – se veut être un parti politique sans en avoir le nom. Il veut vectoriser la politique du pays et croyant avoir mis au pas les forces du travail qui ont subi des échecs, il s'attaque aux forces de la création dans leur diversité. Dans de nombreux articles Ernest-Antoine Seillière et son idéologue Denis Kessler en appellent à la *« grande transformation »* et à un *« nouveau positivisme »* qui n'est pas sans rapport avec les actuelles attaques contre les psychanalystes, les chercheurs, les juristes, contre toutes les professions intellectuelles et d'abord contre les artistes. Le gouvernement ne fait qu'être le relais de cette façon de voir.

Je crois profondément que là, continue d'intervenir la phosphorescence d'une grande partie de la politique culturelle de 1981 qui reste du combustible pour la vie à condition de reconnaître que la situation a changé. Aujourd'hui le libre marché a tout envahi, il est devenu totalitaire. En France immergée dans la mondialisation, il « déglingue » le service public. Comme le disait Serge Regourd, directeur de l'Institut du droit de la communication de Toulouse : *« La culture est indissociable des autres enjeux sociétaux. »*

Le rassemblement du 12 octobre dernier des états généraux de la culture à Paris soutenu par vingt-deux associations et organismes a pointé ces adaptations.

1 - Le processus culturel est en train de sortir du développement ou de l'évolution pour entrer dans une transformation qui implique rupture entre des temps et des formes. Cela fait exception sans être nécessairement catégorisé et/ou institué. Cela ne doit pas être abandonné aux seules chances des individus dispersés et des machines économiques. (d'après Jean-Luc Nancy)

2 - La culture est un bien public qui est différent d'un bien marchand. Ce dernier est articulé à la demande solvable. Le bien public garantit que la culture peut exister même là où il n'y a pas de demande solvable. C'est une responsabilité publique qui protège et qui doit devenir le principe alors qu'aujourd'hui il n'est que l'exception. Il faut prendre l'offensive, ce qui ne nie pas des formes de marchés. La culture n'est rien d'autre que le nous extensible à l'infini des humains et requiert nos mobilisations. (d'après Monique Chemillier-Gendreau)

3 - La culture, l'art sont essentiels à la possibilité de s'étonner, d'alimenter la curiosité contre l'enfermement dans des routines défensives. L'erreur consiste à croire qu'empoisonnée au travail, la vie pourrait être placée sous une « perfusion culturelle » à l'extérieur. Quand c'est le cas d'ailleurs cela se retourne contre la culture. La culture se transforme en objet de consommation comme un autre. Triste compensation qui finit de contaminer l'existence et qui coupe l'herbe sous le pied aux créations artistiques. (d'après Yves Clot)

4 - Il est temps sans doute de s'intéresser davantage à la culture scolaire, car dans son univers rendu opaque par des réformes qui s'additionnent sans le structurer ce sont les familles les plus stratèges qui font leur marché et dessinent des trajectoires scolaires extrêmement différenciées au sein d'un système qui propose officiellement une offre égale pour tous. La tâche n'est pas mince et les tentations de renoncement sont grandes, qu'elles prennent les traits nostalgiques d'une restauration républicaine ou ceux d'une innovation à tout crin, également ignorante des ségrégations qu'elles peuvent abriter. Il s'agit certes de défendre pied à pied les acquis, notamment statutaires, mais aussi de redonner du sens au travail scolaire et au travail enseignant. Il s'agit d'affirmer qu'ils sont des intellectuels situant leur action dans l'univers général de la culture. (d'après Patrick Rayou)

Si sur la base de la bifurcation de Jack Lang en 1981, ces éléments de rupture sont assumés en 2004, alors sera libérée la dialectique des énergies, des pensées, des affectivités, des *« individualités serviables »* selon l'expression d'André Gide.

Il faut bien constater qu'aujourd'hui les fauteurs de décombres sont provisoirement plus forts que les créateurs d'espérance. Le vivre ensemble est là chauffé à blanc. Il y a besoin d'une grande politique qui sache assumer la mosaïque fabuleuse créée et en train de se créer par l'Histoire en ces lieux où nous vivons et au-delà. Il n'est pas utopique de résister, de convaincre et de vaincre en construisant. Il s'agit de réaliser une mêlée comme le dit le philosophe, une mêlée de culture. Les cultures ne s'additionnent pas, elles se rencontrent, se mêlent, s'altèrent, se reconfigurent. Elles se mettent les unes et les autres en culture, se défrichent, s'irriguent ou s'assèchent, se labourent, ou se greffent. Oui la mêlée, la mêlée respectant ses composantes.

« Je ne reviens pas, je viens »

Pour peu que l'on ne s'allonge pas sous les images, chacune, chacun d'entre nous, du laboratoire à l'usine, du prétoire au spectacle vivant, du divan au concert, du cinéma à la consultation, du livre à l'autre, de l'école à la rue, pensons et agissons selon *« je ne reviens pas, je viens »* (Mahmoud Darwich).

Pour en sortir essayons tout. Rassemblons audacieusement et courageusement. Il ne s'agit pas de se clore dans un assemblement mais de vivre ensemble conflictuellement sans doute avec des contradictions évolutives pour fabriquer les processus qui mèneront progressivement en arrachant le chiendent de l'ignorance de l'autre, vers une harmonie sans cesse à accorder.

C'est Scott Fitzgerald qui écrivait : *« La marque d'une intelligence de premier plan est qu'elle est capable de se fixer sur deux idées contradictoires sans pour autant perdre la possibilité de fonctionner. On devrait par exemple pouvoir comprendre que les choses sont sans espoir et cependant être décidé à les changer. »*

Table des matières

I. archéologie

perspective

archive

II. topologie

III. frontières

perspective

archive

Culture Publique, à paraître

Opus 2. *Les Visibles manifestes*
janvier 2005
Foisonnement d'œuvres d'art public, érections monumentales issues des « grands travaux » et fêtes de la culture sont autant d'éléments participant d'un spectacle orchestré au nom de la politique culturelle rénovée. Faut-il y voir l'incarnation d'un vitalisme culturel retrouvé ? Faut-il y deviner la perpétuation de l'Etat-spectacle sous les oripeaux de la modernité ? Faut-il en conclure à la manifestation sur la scène publique de la promesse de rupture formulée au tournant des années 1980 ?

Opus 3. *La Modernisation de l'action publique*
mars 2005
La sclérose de l'action publique diagnostiquée en 1981 fustige une tradition d'aveuglement à l'égard des avant-gardes : tradition caractéristique de la sacro-sainte administration des beaux-arts, et de l'inertie de l'appareil, lourdement administratif et passablement jacobin. Alors que se constituent les cadres de la politique culturelle contemporaine, la rupture se veut catégorielle et administrative.

Opus 4. *La Culture en partage*
mai 2005
Au sens fort du terme : communication de la culture accessible à tous (accès à la culture savante, déjà le mot d'ordre d'André Malraux) ; les années 1980 ont démultiplié les projets et les dispositifs de démocratisation culturelle (prix du livre, médiathèques, nombreux labels d'établissements nationaux...). Puis la décentralisation artistique, multiplie les moyens et les foyers de création. Que pouvons-nous dire aujourd'hui des effets réels de cette politique ? Impasses ? Insuffisances ? Effets pervers ? Symptôme d'autres fractures, profondément politiques ?

Culture Publique

Comité éditorial : Jean Marc Adolphe, Philippe Brzezanski, Sébastien Juy, Bruno Tackels, Sébastien Thiery

Conseillers scientifiques : Sébastien Juy, Sébastien Thiery

Coordinateur de la collection : Sébastien Thiery

Graphisme : Jean-Michel Diaz et Costanza della Cananea

Couverture : Jeanne-Marie Sens

Edition : Sarah de Haro

Remerciements : Hubert Tonka et Jeanne-Marie Sens, Jack Lang, Michelle Kokosowski, Institut Mémoires de l'édition contemporaine (IMEC), Yan Toma, Orlan, Céline De Potter, Danielle Orhan.

Pour recevoir nos informations, commander des opus ou nous contacter : SKITe / Culture Publique, 6 rue Desargues, 75011 Paris (France)
www.mouvement.net/culturepublique
culture-publique@mouvement.net

Achevé d'imprimer sur les presses de l'imprimerie Actis,
146 rue de la Liberté, 59601 Maubeuge (France), en septembre 2004.